中学英語を5日間でやり直す本

「基本の基本」が驚きのスピードで頭に甦る

小池直己／佐藤誠司

PHP文庫

○本表紙図柄＝ロゼッタ・ストーン（大英博物館蔵）
○本表紙デザイン＋紋章＝上田晃郷

はしがき

　この本は，主として社会人向けの「英語を基礎からやり直す本」です。中学1～2年生程度の英語力を身につけることが，この本のねらいです。

　この本が対象としているのは，「学校で習った英語なんか，なーんも頭に残ってないかんね」という人です。この本こそ「日本で一番やさしい英語の本」であると，自信を持って言えます。

　この本には，2人の人物が登場します。

"い"＝いかりや先生。38歳。どこぞの中学教師。どんな出来の悪い生徒でも，かかってきなさい。ただし，ときどき逆上して我を忘れる。

"ジ"＝ジャリ子。13歳。英語のエの字も知らない中学1年生。ローマ字はどうにか読める程度だが態度はでかい。今どきの生徒だから，教師にも平気でタメ口をきく。

自分の英語力のなさに自信のある人は，ジャリ子になったつもりで読んでください。

　この本では，「読むだけでペラペラ英語が話せるようになる」という誇大広告はしません。あいさつ程度の英語ができさえすればいいのなら，「ひとくち英会話」のような本を買う方がずっといいでしょう。

　でも，「ハロー」や「サンキュー」のあいさつだけが英語ではありません。もしあなたが今は英語をなにも知らなくて，少しでも英語を使えるようになりたいと願うなら，この本に書いてあるような勉強が不可欠です。

　やさしい本だからといって，電車の中でヒマつぶしに読むだけでは力はつきません。この本には，ドリル問題が入っています。机に座って，鉛筆を片手に問題を解いてください。ただ流し読みしただけで英語が使えるようになるなんて，そんなうまい話があるわきゃないでしょ。世の中をなめてはいけません。何事も努力ですよ，あなた。

　そうすれば，いきなり英語ペラペラはムリですが，今のあなたに必要な「英語の基礎力」は確実に身につくことを保証します。

　最後に、本書の出版に当たり、編集の労をとって頂いたＰ

ＨＰ研究所文庫出版部の太田智一さんに心から御礼申し上げます。

小池直己

佐藤誠司

これだけは最初に！

●英語の文字

英語では、次の26文字を使います。下の表のようにAから順に並べたものが「アルファベット」です。

大文字	A	B	C	D	E	F	G
小文字	a	b	c	d	e	f	g
読み方	エイ	ビー	スィー	ディー	イー	エフ	ヂー
大文字	H	I	J	K	L	M	N
小文字	h	i	j	k	l	m	n
読み方	エイチ	アイ	ヂェイ	ケイ	エル	エンム	エンヌ
大文字	O	P	Q	R	S	T	U
小文字	o	p	q	r	s	t	u
読み方	オウ	ピー	キュー	アール	エス	ティー	ユー
大文字	V	W	X	Y	Z		
小文字	v	w	x	y	z		
読み方	ヴィー	ダブリュー	エクス	ワイ	ズィー		

●英語の発音

ローマ字を覚えている人なら、たとえばnekoを「ネコ」と読むことができるでしょう。この場合、「ne＝ネ」「ko＝コ」のように、文字と発音が1対1で対応しています。一方、英語の場合は、そうではありません。たとえばsun（太陽）とson（息子）は、どちらも「サン」と読みます。また、cat（キャット＝ネコ）のaは「ア」と読むのに、name（ネイム

＝名前）のaは「エイ」と読みます。

　ある程度慣れてくると，単語のつづり字を見ただけでその発音が推測できるようになります。しかし最初のうちは，カタカナでいいからとにかく単語の発音を覚えましょう。本書では，なるべく実際の英語の発音に近いカタカナ表記を，すべての新出単語に付しています。

※アクセントの位置を間違えやすい単語については，強く読む部分を太字で示しています。

●英語の文を書くときの基本的なルール

①文の最初の単語は，大文字で始めます。
②America（アメリカ）・Tom（トム）など，「この世でただひとつのもの［人］」を表す単語は，常に大文字で始めます。
③よく使う記号には，次のようなものがあります。

記号	使い方
.（ピリオド）	文の最後につけます。日本語の「。」に当たります。
,（カンマ）	文の途中で使います。日本語の「、」に当たります。
?（クエスチョン・マーク）	「～ですか」という質問をする文の最後につけます。
" "（クォウテイション・マークス）	人の言った言葉を表します。日本語の「　」に当たります。
'（アポストロフィ）	isn'tやKen'sのように，単語の中で使います。日本語には，これに当たる記号はありません。

中学英語を
5日間でやり直す本

~ CONTENTS ~

はしがき 3

これだけは最初に！ 6

第1日　「AはBです」

STEP 1	**This is a pen.**（これはペンです）16
STEP 2	**Is this your bag?**（これは君のかばんですか）21
STEP 3	**He is a doctor.**（彼は医者です）26
STEP 4	**I am a Japanese.**（私は日本人です）29
STEP 5	**two boys**（2人の男の子）33
STEP 6	**These are notebooks.**（これらはノートです）43
STEP 7	**We are friends.**（私たちは友達です）49

第2日　「Aは〜する」

STEP 8	**The house is big.**(その家は大きい)	56
STEP 9	「〜の○○」	68
STEP 10	**A＋動詞＋B.**(AはBを〜する)	72
STEP 11	**A＋don't＋動詞＋B.**(AはBを〜しない)	79
STEP 12	**Do＋A＋動詞＋B?**(AはBを〜しますか)	83
STEP 13	**A＋動詞[-s]＋B.**(AはBを〜する)	86
STEP 14	**A＋doesn't＋動詞＋B.**(AはBを〜しない)	90
STEP 15	**I know him.**(私は彼を知っています)	94
STEP 16	**A have[has] B.**(AはBを持っている)	98
STEP 17	**A＋動詞.**(Aは〜する)	102
STEP 18	**go to**(〜へ行く)など	104

第3日 「〜した」「〜だろう」など

STEP 19 「場所」の表し方 *110*
STEP 20 There is 〜.（〜があります）*114*
STEP 21 「時」の表し方 *118*
STEP 22 さまざまな前置詞 *123*
STEP 23 「〜だった」 *126*
STEP 24 「〜した」(-ed をつける形) *131*
STEP 25 「〜した」(不規則な形) *136*

第4日　動詞の意味の広がり

STEP 26	「時」を表す言葉 *142*
STEP 27	動詞をくわしく説明する言葉 *145*
STEP 28	「頻度」を表す言葉 *147*
STEP 29	is +〜ing（〜している）*149*
STEP 30	will（〜だろう）*153*
STEP 31	「〜しなさい」「〜しましょう」*156*
STEP 32	will と shall *161*
STEP 33	can・must・may *166*
STEP 34	want to 〜（〜したい）*172*
STEP 35	it の特殊な使い方 *176*

第5日 数量の表現といろいろな質問

STEP 36	some・any・no *180*
STEP 37	many・much *186*
STEP 38	all・every・one of ～ *190*
STEP 39	つなぎの言葉 *195*
STEP 40	形容詞＋前置詞 *198*
STEP 41	～ing(～すること) *203*
STEP 42	Where ～ ?(どこに～) *208*
STEP 43	When ～ ?(いつ～) *211*
STEP 44	Who ～ ?(だれ～) *216*
STEP 45	What ～ ?(なに～) *219*
STEP 46	Why ～ ?(なぜ～) *223*
STEP 47	How ～ ?(どのくらい～) *224*

本文イラスト――津田蘭子

第1日

「AはBです」

STEP 1　This is a pen.（これはペンです）

いかりや先生、以下"い"：　さて、みなさん。
ジャリ子、以下"ジ"：　私が、教師のいかりやです。
い：　そりゃオレのセリフだ。
ジ：　これ、やめない？　どっちがどっちかわかんなくなるし。
い：　今さら、そんなことができるか。
ジ：　まだ始まったばっかですけど。
い：　さて、ジャリ子くん。
ジ：　無視すんなよ。
い：　最初は、一番基本的な文からだ。

(1) **This is** a pen. ズィス・イズ・ア・ペンヌ
　　（これはペンです）
(2) **That is** [**=That's**] a cat. ザット・イズ [ザッツ]・ア・キャット
　　（あれはネコです）

まとめると、こんな感じになる。
● **This is 〜 .** ＝これは〜です。
● **That is 〜 .** ＝あれは〜です。

い：　That is を縮めて言うと、That's ザッツ だな。
ジ：　じゃあ、This is を縮めると、This's かな。
い：　読んでみ。
ジ：　「ズィスッス」？
い：　そんな英語ねーよ。This is は縮められません。
ジ：　This is a pen. の a って、なんですか？

い： a は「ひとつの」ってこと。とりあえずその説明はあと回しにして，話を進めよう。

(3) This is **an** *album*.　ズィス・イズ・アン・ナォバム
　　(これはアルバムです)

「アイウエオ」と読む単語の前では，a は an になるのだよ。

ジ： なぜ？
い： 「ア・アルバム」じゃ読みにくいだろ？
ジ： でも，「アン・アルバム」も読みにくいけど。
い： 発音が違う。「アン・ナォバム」。英語の n は「エンヌ」と読むので，an album は「アンヌ・アォバム⇒アン・ナォバム」のように聞こえる。an orange は「アン・ノレンヂ」（ひとつのオレンジ）。an egg は「アン・ネッグ」（ひとつの卵）。では，次。

(4) This is **my** *pen*.　ズィス・イズ・マイ・ペンヌ
　　(これは私のペンです)
(5) That's **your** *pencil*.　ザッツ・ユア・ペンツォ
　　(あれはあなたの鉛筆です)

my は「私の」，your は「あなたの」だ。
ジ： しつもーん。This is a my pen. じゃないんですか？
い： my や your があるときは，a・an は使わない。
ジ： どして？
い： どしても。
ジ： 説明になってませんが。

第1日　「AはBです」　17

い： ここで「名詞」の話をしておこう。

ジ： ごまかすなー！

い： うっせーよ。とにかく覚えろ。「名詞」とは，モノの呼び名を表す言葉のことだ。

ジ： pen とか album とかが，名詞でしょ？

い： そう。cat キャット（ネコ）とか girl ガール（女の子）とかも名詞。英語の単語を覚えるときは，まず名詞をできるだけたくさん覚えよう。

ジ： 「女の子」を「ガール」って言うのはできるけど，つづりまで覚えるのはムリ。

い： 最初は口で言えるだけでいい。この本には練習問題のコーナーがあるから，問題を解きながらつづり字も書けるようにしよう。

〈日用品に関する名詞①〉

bag	かばん バッグ	watch	腕時計 ウァッチ
book	本 ブック	clock	置時計 クラック
desk	机 デスク	vase	花びん ヴェイス
table	テーブル テイブォ	umbrella	傘 アンブレラ
chair	いす チェア	camera	カメラ キャメラ
pen	ペン ペンヌ	cap	帽子 キャップ
pencil	鉛筆 ペンツォ	purse	さいふ パース
eraser	消しゴム イレイサ	match	マッチ マッチ
dictionary	辞書 ディクショナリィ	lighter	ライター ライタ
album	アルバム アォバム	ashtray	灰皿 アッシュトゥレイ
box	箱 バクス	candle	ろうそく キャンドォ

| basket | かご バスケット | doll | 人形 ダル |
| key | カギ キー | toy | おもちゃ トイ |

い： この本では，あちこちに単語のリストが突然出てくるから気をつけよう。

ジ： 気をつけようって，地雷かよ。どうしろってのよ。

い： 出てきた単語は全部覚えよう。

ジ： 簡単に言うなよ。

い： じゃ，覚えなくていいや。

ジ： どっちだよ！　だいいち，書きこむ欄がないんだけど。

い： そんなもん入れたら本が分厚くなって，値段が高くなるからダメ。

ジ： だったら，こんなムダな会話にページを使うなっての！

《Exercise》

【1】カッコ内に適当な語を入れなさい。

1. This ( ) ( ) dog. （これは犬です）
2. ( ) ( ) a bag. （あれはかばんです）
3. This is ( ) ( ). （これは卵です）
4. ( ) ( ) chair. （あれはいすです）
5. This is ( ) house. （これは私の家です）
6. That is ( ) pen. （あれはあなたのペンです）
7. ( ) is ( ) watch. （これは私の時計です）
8. ( ) ( ) umbrella. （あれはあなたの傘です）

【2】誤りを直しなさい。
1. This is umbrella.（これは傘です）
2. That is a my father.（あれは私の父です）

【3】英語に直しなさい。
1. これはネコです。
2. あれはアルバムです。
3. これは私の学校です。
4. あれはあなたのお母さんです。

（答）【1】1. is, a 2. That, is 3. an, egg 4. That's, a 5. my 6. your 7. This, my 8. That's, your 【2】1. umbrella の前に an を入れる。 2. a を削除する。 【3】1. This is a cat. 2. That is [That's] an album. 3. This is my school. 4. That is [That's] your mother.

STEP 2　Is this your bag?（これは君のかばんですか）

> (1) This **isn't** a desk. ズィス・イズント・ア・デスク
> 　　（これは机ではありません）

い：「〜ではない」と言いたいときは，is の後ろに not ナット を入れるんだ。

　　● **This [That] is not〜．** ＝これ[あれ]は〜ではない。
　　is not は，縮めて isn't イズント とも言う。ふつうはこっちを使うことが多い。

ジ：さっき，That is は That's だって言ったでしょ？　じゃあ，That is not は That's not になるんじゃないの？

い：そうとも言う。次は，質問する言い方だ。

> (2) "**Is this** your bag?"「イズ・ズィス・ユア・バッグ？」
> 　　（「これは君のかばんですか」）

「〜ですか？」とたずねるときは，this・that と is の順番を逆にすればいい。

　　● **Is this [that]〜？** ＝これ[あれ]は〜ですか？
文の終わりには「？」（クエスチョン・マーク）をつけて，最後を上げて読む。答えるときは，こんな感じだ。

> (3) "**Yes, it is.**"「イエス・イティ・イズ」
> 　　（「はい，そうです」）
> (4) "**No, it isn't.**"「ノウ・イティ・イズント」
> 　　（「いいえ，違います」）

第1日　「AはBです」

ジ： なんか、ヘン。

い： どこが。

ジ： it って、なに？ Yes, this is. じゃないの？

い： いーや。it ィットは「それ」という意味で、前に出てきたモノを指す言葉だ。目の前にあるかばんを指して、「それは〜」と言っているわけだな。ところで、this・that はこんなふうにも使う。

---

(5) **This** *building* is a hotel. ズィス・ビォディング・イズ・ア・ホウテル
   （この建物は、ホテルです）

(6) Is **that** *building* a hospital? イズ・ザット・ビォディング・ア・ハスピタォ？
   （あの建物は、病院ですか）

● this 〜＝この〜 / ● that 〜＝あの〜

たとえば (6) は、That building is a hospital. という文が元になっている。

ジ： つまり、is とその前のやつをひっくり返す、ってことね。

い： そう。次のようにまとめて考えよう。

● **A is B.** ＝AはBです。
● **A isn't B.** ＝AはBではありません。
● **Is A B?** ＝AはBですか？

じゃあ、(6) の質問に対して、「はい、そうです」と答えてみよう。

ジ： ええと…Yes, that is. かな。

い： あほ！ 今さっき言うたばっかりじゃぞね。

ジ： あんた,どこの生まれよ。

い： 正解は,Yes, <u>it</u> is. だ。that building を it（それ）で受けるわけだな。

● Yes, it is. ＝はい,そうです。
● No, it isn't. ＝いいえ,そうではありません。

簡単に Yes, No だけで答えてもいい。ついでに,次の例も見ておこう。

---

(7) "Is that building your house?"「イズ・ザット・ビォディング・ユア・ハウス?」

（「あの建物は,あなたの家ですか」）

"No. **It's** Ken's house."「ノウ。イッツ・ケンズ・ハウス」

（「いいえ,違います。それはケンの家です」）

---

it's ｨｯﾂは,it is ｨﾃｨ･ｲｽﾞを縮めた形だ。「ケン<u>の</u>家」は Ken<u>'s</u> house と言う。じゃあ,「私の父のかばん」はなんと言う?

ジ： えーと…my father bag…じゃないよね。

い： 惜しい。my father's bag が正解。's（アポストロフィ s）が,「父の」の「の」に当たるわけだ。

〈家・建物などに関する名詞〉

house	家 ハウス	bed	ベッド ベッド
gate	門 ゲイト	living room	居間 リヴィング・ルーム
door	ドア ドア	television	テレビ テレヴィジョン
roof	屋根 ルーフ	radio	ラジオ レイディオウ
window	窓 ウィンドウ	building	建物 ビォディング
room	部屋 ルーム	church	教会 チャーチ

第1日 「AはBです」

wall	壁 ウォール	bank	銀行 バンク
ceiling	天井 スィーリング	hotel	ホテル ホウテル
floor	床 フロア	restaurant	レストラン レストラント
garden	庭 ガーデン	hospital	病院 ハスピタォ
lawn	芝生 ローン	station	駅 ステイションヌ
garage	車庫 ガラーヂ	police	警察 ポリース
fence	柵 フェンス	police box	交番 ポリース・ボクス
bath	風呂 バス	apartment building	アパート アパートメント・ビィディング
shower	シャワー シャウア	park	公園 パーク
bathroom	トイレ バスルーム	bridge	橋 ブリッヂ
towel	タオル タウアル	store	店 ストア
soap	石けん ソウプ	shop	店 シャップ
toothbrush	歯ブラシ トゥースブラッシュ	supermarket	スーパー スーパーマーケット
kitchen	台所 キチン	convenience store	コンビニ コンヴィニエンス・ストア
sink	流し スィンク	department store	デパート デパートメント・ストア

ジ： 「トイレ」って，バスルームって言うの？ バスルームったら，おフロじゃん。

い： 洋式の家では，たいてい風呂とトイレは一体になっている。だから，たとえばよその家で「トイレを貸してもらえますか？」と言うときは，May I use the *bathroom*? メイ・アイ・ユーズ・ザ・バスルーム？と言えばいい。この文の理屈は，あとで説明しよう。

ジ： じゃあ，「トイレ」って英語じゃないの？

い： 英語にも toilet トイレットという単語はある。でも，この単語はストレートすぎるから，トイレのことは遠回し

に「浴室（bathroom）」または「洗面所（washroomゥァッシュルーム）」と言い換えることが多い。こういうふうに，外来語としてカタカナになっている単語には注意が必要だ。「アパート」や「コンビニ」も，このまま言ったんじゃ英米人には通じない。

《Exercise》

【1】 カッコ内に適当な語を入れなさい。
1. That is （ ）（ ） apple.
（あれはリンゴではありません）
2. This （ ） my house.（これは私の家ではありません）
3. "（ ）（ ） a banana?" "Yes, （ ） is."
（「これはバナナですか」「はい，そうです」）
4. "（ ）（ ）（ ） bag?" "No, （ ） isn't. （ ）（ ） bag."
（「あれはあなたのかばんですか」「いいえ，違います。それはマサコのかばんです」）

【2】 英語に直しなさい。
1. これはオレンジではありません。
2. あれは私の父ではありません。
3. 「これはあなたの本ですか」「はい，そうです」
4. 「あれはあなたの学校ですか」「いいえ，そうではありません」

(答)【1】1. not, an 2. isn't 3. Is, this, it 4. Is, that, your, it, It's, Masako's 【2】1. This is not［isn't］an orange. 2. That isn't［That's not］my father. 3. "Is this your book?" "Yes, it is." 4. "Is that your school?" "No, it isn't."

STEP 3　He is a doctor.（彼は医者です）

い： 今までは「モノ」の例ばっかりだったけど，ここから は「人」に関する言い方を見ていこう。

> (1) My brother **is** a student.　マイ・ブラザ・イズ・ア・ステューデント
> 　　（私の兄は学生です）
> (2) My father **isn't** a doctor.　マイ・ファーザ・イズント・ア・ダクタ
> 　　（私の父は医者ではありません）

ジ： これ，わかる。A is B. のパターンだもんね。
い： そのとおり。では，ちょっと違う形を見ておこう。

> (3) "**Is** your father a lawyer?"「イズ・ユア・ファーザ・ア・ロイヤ？」
> 　　（「あなたのお父さんは弁護士ですか」）
> 　　"Yes, **he** is. **He** is a lawyer."「イエス・ヒー・イズ。ヒー・イズ・ア・ロイヤ」
> 　　（「はい，そうです。彼は弁護士です」）
> (4) "Is your mother a teacher?"「イズ・ユア・マザ・ア・ティーチャ？」
> 　　（「あなたのお母さんは教師ですか」）
> 　　"No, **she** isn't. **She** isn't a teacher."「ノウ・シー・イズント。シー・イズント・ア・ティーチャ」
> 　　（「いいえ，違います。彼女は教師ではありません」）

　　「AはBですか」と問われたとき，Aが「モノ」のとき は it を使って答える。でも，Aが「人」のときは，(3) (4)のように，**he** ヒー（彼は）・**she** シー（彼女は）を使っ て答えるわけだ。
ジ： じゃあ，お父さんがオカマだったら？
い： 言うと思った。

ジ： で，どう答えるの？

い： 「あなたのお父さんは弁護士ですか」って聞かれて，いきなり Yes, <u>she</u> is. って答えたら，相手がびっくりするだろが！

〈人間に関する名詞①〉

man	男の人 マンヌ	friend	友達 フレンド
woman	女の人 ウゥマンヌ	teacher	先生 ティーチャ
boy	男の子 ボイ	student	生徒 ステューデント
girl	女の子 ガール	doctor	医者 ダクタ
father	父 ファーザ	dentist	歯医者 デンティスト
mother	母 マザ	nurse	看護師 ナース
child	子供 チャイルド	policeman	警官 ポリースマンヌ
kid	子供 キッド	lawyer	弁護士 ロイヤ
son	息子 サンヌ	judge	裁判官 ヂャッヂ
daughter	娘 ドータ	scholar	学者 スカラ
brother	兄, 弟 ブラザ	scientist	科学者 サイエンティスト
sister	姉, 妹 スィスタ	professor	教授 プロフェッサ

《Exercise》

【1】 カッコ内に適当な語を入れなさい。

1. My father （ ）（ ） doctor.（私の父は医者です）
2. My mother （ ）（ ） teacher.
   （私の母は先生ではありません）
3. "（ ） your sister a student?" "Yes, （ ）（ ）."
   （「あなたの妹は生徒ですか」「はい，そうです」）

第1日 「AはBです」 27

4. "( ) your brother ( ) ( )?" "No, ( ) ( )."
  (「あなたのお兄さんは警官ですか」「いいえ，違います」)

【2】英語に直しなさい。
 1.「彼は弁護士ですか」「はい，そうです」
 2.「ミドリはあなたの友達ですか」「いいえ，そうではありません。彼女はヒロシの友達です」

(答)【1】1. is, a 2. isn't, a 3. Is, she, is 4. Is, a, policeman, he, isn't 【2】1. "Is he a lawyer?" "Yes, he is." 2. "Is Midori your friend?" "No, she isn't. She is Hiroshi's friend."

STEP 4　I am a Japanese.（私は日本人です）

い： 今まで,「これは〜」とか「彼は〜」とかの言い方を見てきたけど,もっとよく使う言い方をまだ出してないよな。わかるか?

ジ： ぜんぜん。

い： 「私は〜」「あなたは〜」だ。

ジ： ああ,そっか。それを最初にやればよかったのに。

い： 最初にやらなかったのは,例外だからだ。「AはBです」は,A is B. が基本。ところが,「〜です」に当たる単語には,is のほかに **am** と **are** がある。am は,必ず I am 〜 という形で使う。

---

(1) **I am** a Japanese. アイ・アム・ア・ヂャパニーズ
   （私は日本人です）
(2) **I'm not** an American. アイム・ナット・アン・ナメリカヌ
   （私はアメリカ人ではありません）

● I am B. ＝私はBです。(＝ I'm B.)
● I'm not B. ＝私はBではありません。
● Am I B? ＝私はBですか?

I am を縮めて言うと, **I'm** ァイム だな。

ジ： I am not は I amn't じゃないの?

い： そんな英語はない。

ジ： 「私はBですか?」って,なんかヘン。「私は男ですか?」とか, 人にたずねてどうすんだよ。それに, Am I 〜? って, なんでIが大文字なの? 文の中だと小文

字になるんじゃない？
い：Iは，常に大文字で書く。先に言っとくが，理由は知らん。
ジ：開き直りやがって。
い：次は，are の使い方だ。

> (3) **You are** a gentleman. ユー・アー・ラ・ヂェントォマンヌ
> 　　（あなたは紳士です）
> (4) **You aren't** a kid. ユー・アーント・ア・キッド
> 　　（あなたは子供ではありません）
> (5) "**Are you** a Chinese?"「アー・ユー・ア・チャイニーズ？」
> 　　（「あなたは中国人ですか」）
> 　　"Yes, **I am**." "No, **I'm not**."「イエス・アイ・アム」「ノウ・アイム・ナット」
> 　　（「はい，そうです」「いいえ，違います」）

まとめると，こうなる。
- **You are B.** ＝あなたはBです。
- **You aren't B.** ＝あなたはBではありません。
- **Are you B?** ＝あなたはBですか。

Are you ～？（あなたは～ですか）と問われたら，Yes, I am. のように I（私）を使って答えればいいわけだ。
「あなたはアメリカ人ですか」を英語で言ってみろ。
ジ：Are you アメリカ？
い：国の名前と「～人」とは違う。たとえば「日本」は Japan で，「日本人」は a Japanese。ついでに「日本語」も Japanese。まとめて覚えよう。

〈国名などに関する名詞〉

国名		言語・国民名	
Japan	日本 ヂャパンヌ	Japanese	日本語[人] ヂャパニーズ
America	米国 アメリカ	American	米国人 アメリカンヌ
Canada	カナダ キャナダ	Canadian	カナダ人 カネイディアンヌ
England	英国 イングランド	English	英語 イングリッシュ
		Englishman	英国人 イングリッシュマンヌ
France	フランス フランス	French	フランス語 フレンチ
		Frenchman	フランス人 フレンチマンヌ
Germany	ドイツ ヂャーマニ	German	ドイツ語[人] ヂャーマンヌ
Italy	イタリア イタリ	Italian	イタリア語[人] イタリアンヌ
Holland	オランダ ハランド	Dutch	オランダ語[人] ダッチ
Switzerland	スイス スウィツァランド	Swiss	スイス人 スウィス
Greece	ギリシャ グリース	Greek	ギリシャ語[人] グリーク
Australia	オーストラリア オーストレイリア	Australian	オーストラリア人 オーストレイリアンヌ
Brazil	ブラジル ブラズィオ	Brazilian	ブラジル人 ブラズィリアンヌ
China	中国 チャイナ	Chinese	中国語[人] チャイニーズ
Korea	韓国 コリーア	Korean	韓国語[人] コリーアンヌ
India	インド インディア	Indian	インド人 インディアンヌ

※「アメリカ合衆国」は, the United States ザ・ユナイティッド・ステイツ。

《Exercise》

【1】カッコ内に適当な語を入れなさい。

1. I ( ) a Japanese.（私は日本人です）
2. You ( ) ( ) American.（あなたはアメリカ人です）

第1日 「AはBです」 31

3. (　) (　) a doctor.（私は医者ではありません）
4. You (　) a gentleman.（あなたは紳士ではありません）
5. "(　) (　) a Chinese?" "Yes, (　) (　)."
　（「あなたは中国人ですか」「はい，そうです」）
6. "(　) (　) a teacher?" "No, (　) (　)."
　（「あなたは先生ですか」「いいえ，違います」）

【2】英語に直しなさい。
1.「君は私の生徒ですか」「はい，そうです」
2.「あなたは日本人ですか」「いいえ，違います。私は日本人ではありません」
3.「あなたのお父さんは日本人ですか」「はい，そうです」
4.「あなたは中国人ですか」「いいえ，違います。私は日本人です」
5.「あなたのお母さんは中国人ですか」「はい，そうです」

(答)【1】1. am 2. are, an 3. I'm, not 4. aren't 5. Are, you, I, am 6. Are, you, I'm, not 【2】1. "Are you my student?" "Yes, I am." 2. "Are you a Japanese?" "No, I'm not. I'm not a Japanese." 3. "Is your father a Japanese?" "Yes, he is." 4. "Are you a Chinese?" "No, I'm not. I'm a Japanese." 5. "Is your mother a Chinese?" "Yes, she is."

STEP 5　two boys（2人の男の子）

い： 次は，2つ以上のモノや人を表す言い方だ。まず，数字の数え方を見ておこう。one, two, three…だな。
ジ： 最初の単語，なんて読むの？ 「オネ」？
い： あほー！ 「ワン」だ。ワン・ツー・スリーのワン。
ジ： なんで，これで「ワン」って読むのよ？
い： あのなー，英語の単語はいろんな起源を持ってて，基本的な単語ほどつづり字と発音が食い違ってることが多いんだ。とにかく覚えろ。
ジ： 覚えろったって，どこまで覚えりゃいいのよ。
い： まずは，1から20までだ。

〈数字①〉

one	1 ワンヌ	eleven	11 イレヴンヌ
two	2 トゥ	twelve	12 トゥエルヴ
three	3 スリー	thirteen	13 サーティーンヌ
four	4 フォー	fourteen	14 フォーティーンヌ
five	5 ファイヴ	fifteen	15 フィフティーンヌ
six	6 スィクス	sixteen	16 スィクスティーンヌ
seven	7 セヴンヌ	seventeen	17 セヴンティーンヌ
eight	8 エイト	eighteen	18 エイティーンヌ
nine	9 ナインヌ	nineteen	19 ナインティーンヌ
ten	10 テンヌ	twenty	20 トゥエンティ

い： 「十代の若者」を「ティーンズ」って日本語でも言うだ

ろ？ あれは，単語の終わりに teen がつく 13〜19 の数字のことだ。つまり，英語の teens ティーンズは「13歳〜19歳の若者」の意味だ。

ジ： まあ，これくらいならなんとか。
い： じゃあ，「65」はなんと言う？
ジ： はあ？ 今さっき，20 まで覚えりゃいいって言ったじゃんよ。
い： とりあえず，と言っただけ。「うちのおばあちゃんは 65 歳です」とか，言えなかったら困るだろが。

〈**数字②**〉

thirty	30 **サ**ーティ	seventy	70 **セ**ヴンティ
forty	40 **フォ**ーティ	eighty	80 **エ**イティ
fifty	50 **フィ**フティ	ninety	90 **ナ**インティ
sixty	60 **ス**ィクスティ	hundred	100 **ハ**ンドレッド

い： 「65」は sixty-five だ。じゃあ，「83」は？
ジ： eighty-three エイティスリーね。楽勝，楽勝。
い： では，「139」は？
ジ： こら。
い： 教師に向かって「こら」とはなんだ。
ジ： 139 歳のバアちゃんなんか，いねーよ。
い： だれが年寄りの話をしとるか。「私には 139 人の友達がいます」とか，言えなかったら困るだろう。
ジ： 困らないって。
い： 「100」は，one hundred。「139」は，one hundred and

thirty-nine だ。じゃあ、「241」は？
ジ：two hundred and forty-one かな？
い：正解。では「1,842」は？
ジ：んぎゃー！　もうやだー！
い：「1,000」は，thousand サウザンド。「1,842」は，one thousand, eight hundred and forty-two と言う。とりあえず，これくらいまで数えられればいいだろう。
ジ：はい，おしまい！
い：ところで，「1本のペン」はなんと言う？
ジ：one pen ワンヌ・ペンヌ でしょ？
い：そう。a pen ア・ペンヌ でもよろしい。では，「2本のペン」は？
ジ：two pen トゥ・ペンヌ じゃん。
い：違う。
ジ：なんでやねん。
い：正解は，two pens トゥ・ペンズ。2つ以上のモノや人を表すときは，名詞の後ろに s をつける。それでは，「3人の女の子」は？
ジ：three girls スリー・ガールズ！
い：正解。では，「3つの机」は？
ジ：バカにしてんの？　three desks スリー・デスクズ でしょ？
い：発音が違う。「スリー・デスク<u>ス</u>」だ。girls は「ガール<u>ズ</u>」だけど，desks は「デスク<u>ス</u>」。
ジ：それ，どうやって区別すんの？
い：単語の最後が「声を出す音」で終わるときは，その後ろにつける s は「ズ」と読む。「息だけ出す音」のとき

第1日　「AはBです」　35

は，その後ろのsは「ス」と読む。girlのlは「ル」という音が出てるから，girlsは「ガールズ」。deskのkは息だけ出すから，desksは「デスクス」。

ジ：　kは「ク」っていう音が出てんじゃんよー！

い：　それはキミ，発音が悪い。ローマ字のkuじゃないんだから。k, p, s, fなどは，声帯を振動させずに息だけ出すのだよ。だからdeskは「デスクッ」。

ジ：　「クッ」って書いてあるやんけー！　声出てるって。

い：　じゃかーしい！　文字で書くのはムリなんだよ！　慣れろ！　sを「ス」と読む例を出しとくから，丸暗記しろ！

　　　● caps キャップス (帽子)／books ブックス (本)／rocks ラックス (岩)
　　　じゃ，newsを読んでみ。

ジ：　ニュース。

い：　ブー。正解は「ニューズ」。日本語では「テレビのニュース」と言うけど，「ニュー」の最後は音が出てるから，正しい発音は「ニューズ」だ。「セールスマン」を英語で書くとsalesman。これはsales（販売）＋man（人）ということで，salesの最後のsはgirlsと同じように「ズ」と読む。だから，salesmanの正しい発音は「セイルズマン」。

ジ：　スでもズでも，どっちでもいいじゃん。

い：　いやいや，こういう基本をおろそかにしていると，いつまでたっても英語は上達せんですたい。

ジ：　だから，どこの人よ，あんた。

い：　英語では，2つ以上のモノや人を表す形を「複数形」と

言う。ひとつのモノや人は「単数形」。複数形を作るときは単語の最後にsをつけるのが基本だけど、ちょっと例外もある。たとえば、bus（バス）の複数形はbuses。つまり、bus + esだ。

ジ： なんでsじゃなくてesなの？

い： sだけつけるとbussだけど、これだと「バス」としか発音できない。つまり単数形と区別できない。

ジ： 「バスス」でいいじゃん。

い： 読みにくいだろが。だから、busesと書いて「バスィズ」と読むのだ。esの発音は「ィズ」だな。

ジ： そっちも読みにくいと思うけど。

い： 単語の最後がs, sh, ch, xなどで終わっている場合は、esをつける。たとえば、boxバクス（箱）の複数形はboxesで、発音は「バクスィズ」。matchマッチ（マッチ）の複数形はmatchesで、発音は「マッチィズ」。

ジ： 「バクスス」でいいじゃん。

い： だから、読みにくいの！ 次。studentステューデント（学生）の複数形はstudents。この読み方は？

ジ： 「ステューデントス」。

い： よくそんな器用な読み方できるな。正しくは「ステューデンツ」。単語の最後のtsは「ツ」、dsは「ヅ」と読む。たとえばbed（ベッド）の複数形はbedsで、発音は「ベッヅ」。プロ野球の「巨人（Giants）」はジャイアンツ。ちなみに、日本語では「阪神タイガース」と言うけど、Tigersを英語流に読めば「タイガーズ」だ。では、次。

第1日 「AはBです」 37

ジ： まだあんのー？　もうわけわかんねーよ。
い： lady レィディ（婦人）の複数形は？
ジ： ladys レィディーズでしょ？
い： つづり字が間違い。正しくは ladies。<u>単語の最後が y で終わるときは, y を i に変えて es をつけることが多いのだよ。</u>
ジ： ややこしすぎるー！
い： でも，このルールを知らないと英語を読むとき困る。名詞は単数形で辞書に載ってるから，たとえば dictionaries という知らない単語が出てきても，この形では辞書に出てない。
ジ： それ，なんていう意味ですか？
い： 単数形は dictionary ディクショナリィ。「辞書」だな。
ジ： 「辞書」が辞書に出てないとは，これいかに。
い： 中学生の飛ばすギャグじゃないよなあ。
ジ： しょうがないよ，著者がオジサンだもん。
い： 以上，複数形の作り方と発音の例をまとめておこう。
　● two **boys**　トゥ・ボイズ（2人の男の子）
　● three **desks**　スリー・デスクス（3つの机）
　● four **students**　フォー・ステューデンツ（4人の生徒）
　● five **friends**　ファイヴ・フレンズ（5人の友達）
　● six **watches**　スィクス・ウァッチィズ（6つの時計）
　● your seven **babies**　ユア・セヴンヌ・ベイビィズ（あなたの7人の赤ちゃん）

〈人間に関する名詞②〉

grandfather	祖父 グランファーザ	parent	親 ペアレント
grandmother	祖母 グランマザ	family	家族 ファミリィ
uncle	おじさん アンクォ	relative	親戚 レラティヴ
aunt	おばさん アーント	adult	大人 アダォト
cousin	いとこ カズンヌ	baby	赤ん坊 ベイビィ
husband	夫 ハズバンド	twin	ふたご トゥインヌ
wife	妻 ワイフ	gentleman	紳士 ヂェントォマンヌ
housewife	主婦 ハウスワイフ	lady	貴婦人 レイディ
bride	花嫁 ブライド	person	人 パースンヌ
groom	花婿 グルーム	people	人々 ピーポォ

い： さて，ここで問題。
ジ： もういいって。
い： child チャイルド（子供）の複数形は？
ジ： 無視かよ！
い： いいから，答えてみ。
ジ： childs チャイルツでしょ。
い： ちがう。**children**。child の複数形だ。
ジ： なんで？ 複数形ったら，最後にsをつけりゃいいんでしょ？
い： いいや。「不規則な複数形」ってもんがある。buses とか ladies にはそれなりの規則性があるけど，まるで不規則な複数形も英語にはたくさんあるんだ。基本的な語をいくつか出しておこう。

第1日 「AはBです」

意味	単数形	複数形
男の人	man マンヌ	**men** メンヌ
女の人	woman ウゥマンヌ	**women** ウィミンヌ
足	foot フット	**feet** フィート
歯	tooth トゥース	**teeth** ティース
ねずみ	mouse マウス	**mice** マイス
羊	sheep シープ	**sheep** シープ

い： 最後の sheep みたいに，複数になっても形が変わらない語もある。carp カープ（鯉）や Japanese ヂャパニーズ（日本人）なんかもそうだ。プロ野球の広島カープが創立された当時，「広島カープス」という球団名の案が新聞に出たら，「carps という英語はない」という投書が読者の大学教授から来た，というホントの話がある。

《Exercise》

【1】下線部を「ス」と読むものはA，「ズ」と読むものはBで答えなさい。

1. bags（かばん）
2. books（本）
3. girls（女の子）
4. eggs（卵）
5. albums（アルバム）
6. bikes（自転車）

【2】英語に直しなさい。

1. 10人の男の子
2. 5人の女の子
3. 8人の赤ん坊
4. 6台のバス
5. ひとつのオレンジ
6. 7人の貴婦人
7. 11人の男の人
8. 12人の子供たち

(答)【1】1. B 2. A 3. B 4. B 5. B 6. A 【2】1. ten boys
2. five girls 3. eight babies 4. six buses 5. one [an]
orange 6. seven ladies 7. eleven men 8. twelve children

〈食物に関する名詞〉

food	食べ物 フード	orange	オレンジ オレンヂ
rice	米 ライス	banana	バナナ バナナ
bread	パン ブレッド	melon	メロン メロン
meat	肉 ミート	peach	桃 ピーチ
beef	牛肉 ビーフ	strawberry	イチゴ ストローベリィ
pork	豚肉 ポーク	grapes	ブドウ グレイプス
chicken	鶏肉 チキンヌ	tea	お茶 ティー
vegetable	野菜 ベヂタブォ	coffee	コーヒー カフィ
potato	じゃがいも ポテイトゥ	juice	ジュース デュース
corn	とうもろこし コーン	water	水 ウォーター
carrot	にんじん キャロット	ice	氷 アイス
radish	大根 ラディッシュ	milk	牛乳 ミォク
onion	たまねぎ アニャンヌ	egg	卵 エッグ
tomato	トマト タメイトゥ	butter	バター バタ
cabbage	キャベツ キャベッヂ	cheese	チーズ チーズ
mushroom	きのこ マッシュルーム	jam	ジャム ヂャム
beans	豆 ビーンズ	cake	ケーキ ケイク
fruit	果物 フルート	ice cream	アイスクリーム アイス・クリーム
apple	リンゴ アブォ	chocolate	チョコレート チョコリット

ジ： apple とか milk とかの発音って, なんかヘンなんだけ

ど。
い： この本では，なるべくつづり字に忠実に発音をカタカナで書いてあるけど，実際はだいぶ違うんだ。たとえば，apple（リンゴ）は，日本語ではふつう「アップル」と言うけど，この本ではあえて「アプォ」と書いてある。実際の発音にもっと近づけてカタカナで表すと，「エァプォ」になる。

ジ： ふつうは，「アップル」って言うよね。

い： 「アップル」じゃ，たぶん英米の人には通じない。「ミルク」もそうだ。「ミョク」「ミウク」の方がずっと実際の音に近い。「ワラ」「ビウリホ」って，どんな単語かわかるか？

ジ： 藁？ 美宇理穂？

い： ムリヤリ漢字を当てるなよ。「ワラ」は water（水），「ビウリホ」は beautiful（美しい）だ。

ジ： それって，ふつうは「ウォーター」「ビューティフル」って言うでしょ？

い： それは，つづり字を意識しすぎだ。「ウォーター」より「ワラ」の方が実際の発音には近い。つづりを知らない子供の方が正しい発音を覚えやすいのは，そのせいだ。英語の発音をカタカナで表すのはホントは邪道なんだけど，ちょっとでも実際の発音に近いカタカナで覚えた方がいい。発音の話は，きりがないのでくわしいことは省くけど，ごく基本的な音の違いは意識しといた方がいい。たとえば「彼女は」の she シーと，「海」の sea スィーの違いとかな。

STEP 6　These are notebooks.（これらはノートです）

い：　複数形の話の続きをしよう。

(1) **This is** a notebook.　ズィス・イズ・ア・ノウトブック
　　（これはノートです）
(2) **These are** notebooks.　ズィーズ・アー・ノウトブックス
　　（これらはノートです）

　　these ズィーズは this の複数形で、「これら」の意味だ。that の複数形は **those** ゾウズ。つまり…、

単数	複数
This is a 単数名詞. （これは〜です）	These are 複数名詞. （これらは〜です）
That is a 単数名詞. （あれは〜です）	Those are 複数名詞. （あれらは〜です）

い：　次のような使い方もできる。
　　●this book（この本）／ these books（これらの本）
　　●that house（あの家）／ those houses（あれらの家）
ジ：　ハイ，ハイ，質問！ These are って，なんで are なの？ These is じゃないの？
い：　いいところに気がついたじゃないか。ここでやっと，「AはBです」の言い方をまとめて出すことができるんだな。

第1日　「AはBです」

Aが単数	AはBである。= **A is B.** ※ただし、〈I am B.〉〈You are B.〉
Aが複数	AはBである。= **A are B.**

　つまり、Aが複数（＝2つ［人］以上）ならいつでも、「A are B.」という形になるわけだ。「単数なら is, 複数なら are」が基本で、I am ～ . と You are ～ . だけが例外だと思えばいい。

ジ： なるほど。

い： じゃあ、ひとつ練習。「これらの男の子は、ぼくの弟たちです」を英語に直してみよう。

ジ： These boys are my brother.ズィーズ・ボイズ・アー・マイ・ブラザ かな。

い： 惜しい。最後は brothersブラザズ が正解。2人以上いるから。

ジ： あ、そうか。複数形ってめんどくさい。

い： 次に、質問のしかたも見ておこう。

---

(3) "*Are those girls* your sisters?"「アー・ゾウズ・ガールズ・ユア・スィスタズ?」
（「あれらの女の子たちは、あなたの妹ですか」）
"Yes, **they** are." "No, **they** aren't."「イエス・ゼイ・アー」「ノウ・ゼイ・アーント」
（「はい、そうです」「いいえ、違います」）

い： they は、複数のモノや人を指す言葉。日本語では「それら」「彼ら」「彼女ら」の意味になる。この例の場合は、those girls ＝ they ってこと。次のように比べてみると、わかりやすい。

- "Is that girl your sister?" "Yes, she is."
  (「あの女の子は, あなたの妹ですか」「はい, そうです」)
- "Are those girls your sisters?" "Yes, they are."
  (「あれらの女の子たちは, あなたの妹ですか」「はい, そうです」)

ジ： 複数形って, めんどくさい。べつに「スリー・ガール」でもいいじゃん。意味通じるし。

い： そうはいかない。英語では「単数と複数の区別」が非常に大切だ。たとえば, 日用品の中には, 手袋とか靴下とか, 2つセットで使うものがある。これらは, 常に複数形で表すんだ。

gloves	手袋 グラヴズ	glasses	めがね グラスィズ
shoes	靴 シューズ	scissors	はさみ スィザーズ
socks	靴下 サックス	pants	パンツ パンツ

ジ： 手袋や靴下はわかるけど, めがねやパンツは2つセットでは使わないでしょ?

い： めがねもパンツも, 2つの部分がセットになってるだろ。だから複数形。日本語では「パンティー」と言うけど, 英語では panties。これも, panty を複数形にしたものだ。「スキャンティー」は scanties,「タイツ」は tights,「ズロース」は drawers…

ジ： わかった, わかった。

い： 「これは私の手袋です」を英語で言ってみろ。

ジ： This is my gloves. ズィス・イズ・マイ・グラヴズ。
い： 違う。右手用と左手用の2つを指して言ってるわけだから，These are my gloves. ズィーズ・アー・マイ・グラヴズと言うのが正しい。

〈衣類・着用品に関する名詞〉

jacket	上着 ヂャケット	pocket	ポケット パケット
overcoat	コート オウヴァコウト	button	ボタン バトゥンヌ
shirt	シャツ シャート	belt	ベルト ベォト
sweater	セーター スウェタ	tie	ネクタイ タイ
dress	ドレス ドゥレス	handkerchief	ハンカチ ハンカチーフ
skirt	スカート スカート	ring	指輪 リング
jeans	ジーンズ ヂーンズ	ribbon	リボン リボンヌ
underwear	下着 アンダウェア	makeup	化粧 メイクアップ
uniform	制服 ユニフォーム	lipstick	口紅 リップスティック
silk	絹 ショク	mirror	鏡 ミラ
cotton	綿 カトゥン	comb	くし コウム
wool	羊毛 ウル	tissue paper	ティッシュ ティシュー・ペイパ

《Exercise》

【1】間違った1語を正しい1語に変えなさい。
1. These is my keys. （これらは私のカギです）
2. Those are hat. （あれらは帽子です）
3. These boy are my brothers.
   （これらの男の子は私の兄弟です）
4. Those animals are dog. （あれらの動物は犬です）

【2】与えられた語を適当に並べ替えなさい。なお，文の最初にくる語は大文字で始めなさい（以下、この形の問題については同様）。

1. woman, that, not, grandmother, my, is, .
 （あの女の人は，私の祖母ではありません）
2. your, building, is, this, school, ?
 （この建物は，あなたの学校ですか）
3. your, those, brothers, are, ?
 （あれらはあなたの兄弟ですか）
4. two, textbooks, books, these, are, ?
 （これらの2冊の本は教科書ですか）

【3】カッコ内に適当な語を入れなさい。

1. (　) (　) cameras.（これらはカメラです）
2. (　) are my (　).（あれらは私のノートです）
3. (　) child (　) my son.（この子供は，私の息子です）
4. (　) building (　) a bank.
 （あの建物は，銀行ではありません）
5. "Is this girl your daughter?" "Yes, (　) (　)."
 （「この女の子は，あなたの娘さんですか」「はい,そうです」）
6. "Is that boy your son?" "No, (　) (　)."
 （「あの男の子は，あなたの息子さんですか」「いいえ，違います」）
7. "(　) (　) girls your daughters?" "Yes, (　) (　)."
 （「これらの女の子は，あなたの娘さんたちですか」「はい，そうです」）

【4】英語に直しなさい。
1.「これは辞書ですか」「はい，そうです」
2.「これらはカメラですか」「はい，そうです」
3.この女の子は，私の妹ではありません。
4.これらの赤ん坊は，私の娘たちです。
5.「あの建物は教会ですか」「はい，そうです」
6.「あの男の人はあなたのおじいさんですか」「はい，そうです」
7.「あれらの2匹の動物はネコですか」「いいえ，違います」

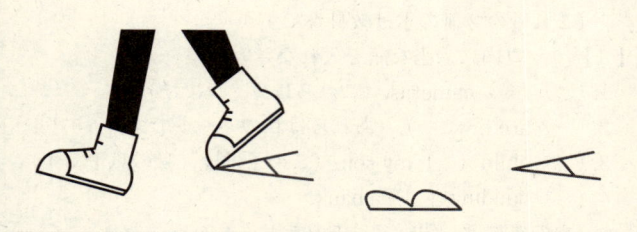

(答)【1】1. is → are 2. hat → hats 3. boy → boys 4. dog → dogs 【2】1. That woman is not my grandmother. 2. Is this building your school? 3. Are those your brothers? 4. Are these two books textbooks? 【3】1. These, are 2. Those, notebooks 3. This, is 4. That, isn't 5. she, is 6. he, isn't 7. Are, these, they, are 【4】1. "Is this a dictionary?" "Yes, it is." 2. "Are these cameras?" "Yes, they are." 3. This girl isn't my sister. 4. These babies are my daughters. 5. "Is that building a church?" "Yes, it is." 6. "Is that man your grandfather?" "Yes, he is." 7. "Are those two animals cats?" "No, they aren't."

STEP 7　We are friends.（私たちは友達です）

い： まだ出てきてない「人を表す言葉」には，**we** ウィ（私たちは）と **you** ユー（あなたたちは）がある。たとえば…

(1) **Yumi and I** are friends.　ユミ・アンド・アイ・アー・フレンヅ
　　（ユミと私は友達です）
　　⇒ **We** are friends.　ウィ・アー・フレンヅ
　　（私たちは友達です）

　　この場合，Yumi and I ＝ we ってことになる。and アンドは，もちろん知ってるな？　「A and B」で「AとB」の意味になる。

ジ： I and Yumi are friends. でもいいの？

い： ダメ。Yumi and I のように，Yumi を先に出す。自分を最初に言ったら失礼だから。

ジ： じゃ，「ユミとあなた」のときは？

い： そのときは，目の前の相手に敬意を表して you and Yumi とする。Yumi and you はダメ。「私とあなた」のときも，もちろん you and I の順番にする。次は，you（あなたたちは）の例を見ておこう。

(2) "Are **you** friends?"　「アー・ユー・フレンヅ？」
　　（「あなたたちは友達ですか」）
　　"Yes, **we** are." "No, **we** aren't."　「イエス・ウィ・アー」「ノウ・ウィ・アーント」
　　（「はい，そうです」「いいえ，違います」）

ジ： you って，「あなた」と「あなたたち」の両方の意味で

第1日　「AはBです」　49

使うの？　それだと，区別できないじゃん。
い：　そうとは限らない。たとえば…
　　　● You are *a student*. ＝あなたは学生です。
　　　● You are *students*. ＝あなたたちは学生です。
　　　ここで，もう1回おさらいしておこう。「太郎はぼくの友達です」はなんと言う？
ジ：　Taro is my friend. でしょ。
い：　そう。では，「太郎と次郎はぼくの友達です」なら？
　　　次の文のカッコを埋めてみよう。
　　　● Taro and Jiro (　) my (　).
ジ：　最初のカッコは，are ね。Taro and Jiro は複数だから。
い：　そのとおり。じゃ，2番目のカッコは？
ジ：　friends でしょ。2人いるから，複数形にしなきゃ。
い：　正解！　では，「太郎と次郎はあなたの友達ですか」はどう言う？
ジ：　えーと…
い：　まず，質問の形じゃない文を作ってみるんだ。「太郎と次郎はあなたの友達です」なら，どう言えばいい？
ジ：　Taro and Jiro are your friends. ね。
い：　そう。「〜ですか」と質問するときは，A に当たる部分 (Taro and Jiro) と are をひっくり返せばいい。つまり…
ジ：　<u>Are</u> <u>Taro and Jiro</u> your friends? かな。
い：　それで OK。じゃ，その質問に対して「はい，そうです」と答えるとき，次のカッコの中にはなにが入る？
　　　● Yes, (　) (　).

ジ： ええと…。we are かな？

い： 違う。「太郎と次郎」は「私たち」じゃなくて「彼ら」だから，they are が正解。最後に，「A は B です」の「です」の使い分け (is・am・are) を，もう1回まとめとこう。

Aが単数	Aが複数
● I **am**（私は～）	● We **are**（私たちは～）
● You **are**（あなたは～）	● You **are**（あなたたちは～）
● He **is**（彼は～）	● They **are**（彼らは～）
● She **is**（彼女は～）	● They **are**（彼女らは～）
● It **is**（それは～）	● They **are**（それらは～）

《**Exercise**》

【1】カッコ内に is・am・are のどれかを入れなさい。

1. This building （　） my house.（この建物は，私の家です）
2. I （　） not your teacher.（私は君の先生ではありません）
3. （　） you my classmate?
   （あなたは私のクラスメイトですか）
4. Kenji's father （　） a policeman.
   （ケンジのお父さんは警官です）
5. Kenji and Yasuo （　） my friends.
   （ケンジとヤスオは私の友達です）
6. These books （　） dictionaries.
   （これらの本は辞書です）
7. （　） that building a bank?（あの建物は銀行ですか）

8. Cats and dogs ( ) animals.（ネコと犬は動物です）
9. My sons ( ) teachers.（私の息子たちは教師です）
10. ( ) your baby a girl?
    （あなたの赤ちゃんは女の子ですか）

【2】カッコ内に適当な語を入れなさい。
1. ( ) are friends.（私たちは友達です）
2. ( ) are my classmates.
   （あなたたちは私のクラスメイトです）
3. "Are you friends?" "Yes, ( ) are."
   （「あなたたちは友達ですか」「はい，そうです」）
4. "Are you and Tom friends?" "Yes, ( ) are."
   （「あなたとトムは友達ですか」「はい，そうです」）
5. "Are Bill and Tom friends?" "Yes, ( ) are."
   （「ビルとトムは友達ですか」「はい，そうです」）
6. "Are you and I friends?" "Yes, ( ) are."
   （「あなたと私は友達ですか」「はい，そうです」）

【3】英語に直しなさい。
1. 私たちは教師ではありません。
2. あなたがたは医者ですか。
3. これらの3冊の本は，辞書ではありません。
4. 「あなたとケイコはクラスメイトですか」「はい，そうです」
5. 「トムとケンはクラスメイトですか」「いいえ，違います」

(答)【1】1. is 2. am 3. Are 4. is 5. are 6. are 7. Is 8. are 9. are 10. Is 【2】1. We 2. You 3. we 4. we 5. they 6. we 【3】1. We aren't teachers. 2. Are you doctors? 3. These three books aren't dictionaries. 4. "Are you and Keiko classmates?" "Yes, we are." 5. "Are Tom and Ken classmates?" "No, they aren't."

【参考】短縮形のまとめ

● that is = **that's** ザッツ	● it is = **it's** イッツ
● I am = **I'm** アイム	● you are = **you're** ユーア
● he is = **he's** ヒーズ	● she is = **she's** シーズ
● we are = **we're** ウィア	
● is not = **isn't** イズント	● are not = **aren't** アーント

※たとえば He is not は,He isn't とも He's not とも書くことができる。That isn't は That's not とも書ける。

〈生物に関する名詞〉

animal	動物 アニマォ	crow	カラス クロウ
dog	犬 ドーグ	swallow	ツバメ スワロウ
cat	ネコ キャット	eagle	ワシ イーグォ
mouse	ねずみ マウス	hawk	タカ ホーク
chicken	にわとり チキンヌ	swan	白鳥 スワンヌ
duck	あひる ダック	wing	翼 ウィング
goose	がちょう グース	tail	尾 テイォ
horse	馬 ホース	fish	魚 フィッシュ
cow	牛 カウ	salmon	鮭 サモンヌ

pig	豚 ビッグ	shark	サメ シャーク
sheep	羊 シープ	dolphin	イルカ ダォフィン
goat	ヤギ ゴゥト	whale	くじら ホエイル
lion	ライオン ライオンヌ	insect	昆虫 インセクト
tiger	トラ タイガ	butterfly	蝶 バタフライ
bear	熊 ベア	bee	蜂 ビー
elephant	象 エレファント	fly	ハエ フライ
camel	ラクダ キャメォ	mosquito	蚊 モスキートゥ
wolf	オオカミ ウルフ	ant	アリ アント
fox	キツネ ファックス	spider	クモ スパイダ
monkey	猿 マンキィ	plant	植物 プラント
rabbit	うさぎ ラビット	tree	木 トゥリー
snake	ヘビ スネイク	flower	花 フラウア
crocodile	ワニ クラコダイル	grass	草 グラス
frog	カエル フラッグ	leaf	葉 リーフ
turtle	カメ タートォ	branch	枝 ブランチ
bat	コウモリ バット	root	根 ルート
bird	鳥 バード	seed	種 スィード

第2日

「Aは〜する」

STEP 8　The house is big.（その家は大きい）

いかりや先生、以下"い"：　きのうは This is a pen.（これはペンです）のタイプの文を勉強したわけだが，今日は I have a pen.（私はペンを持っています）みたいな文を勉強するのだ。

ジャリ子、以下"ジ"：　でも，上のタイトルの文って，そのタイプと違うんじゃないの？

い：　うっせーな。わかってりゃ黙んないって。

ジ：　逆だよ！

い：　黙ってりゃわかんねーよ。A is B. のパターンの説明がまだ終わってなくて，今日のページにまで食いこんだんだよ。文句あっか。

ジ：　開き直るなー！

い：　「AはBです」には，きのうやったタイプとは別のタイプの文がある。Bが形容詞の場合だ。

ジ：　形容詞って，なに？

い：　日本語の文法で言う形容詞は，「大きい」「長い」「暑い」「賢い」みたいに，形・性質・状態などを表す言葉のことだ。今言った形容詞を順に英語に直すと，bigビッグ・longロング・hotハット・wiseワイズとなる。とりあえず，以下の形容詞ぐらいは常識として覚えておこう。

〈基本的な形容詞①―物の形や性質を表す〉

big	大きい ビッグ	heavy	重い ヘビィ
large	大きい ラーヂ	light	軽い ライト
great	大きい グレイト	high	高い ハイ
small	小さい スモール	low	低い ロウ
long	長い ロング	far	遠い ファー
short	短い ショート	near	近い ニア
wide	広い ワイド	strong	強い ストゥロング
deep	深い ディープ	weak	弱い ウィーク
hot	暑い ハット	hard	固い ハード
cold	寒い コウルド	soft	柔らかい ソフト
warm	暖かい ウォーム	new	新しい ニュー
cool	冷たい クール	old	古い オウルド
dry	乾いた ドゥライ	clean	清潔な クリーンヌ
wet	湿った ウェット	dirty	汚い ダーティ
light	明るい ライト	sweet	甘い スウィート
dark	暗い ダーク	hot	辛い ハット

〈基本的な形容詞②―主に人について使う〉

young	若い ヤング	sick	病気の スィック
old	年とった オウルド	healthy	健康な ヘルスィ
tall	背が高い トール	alive	生きている アライヴ
short	背が低い ショート	dead	死んだ デッド
fat	太った ファット	happy	幸せな ハピィ
thin	やせた スィンヌ	unhappy	不幸な アンハピィ
kind	親切な カインド	glad	うれしい グラッド

第2日 「Aは~する」 57

honest	正直な アネスト	sad	悲しい サッド
beautiful	美しい ビューティフォ	angry	怒って アングリィ
pretty	美しい プリティ	hungry	空腹の ハングリィ
cute	かわいい キュート	lucky	幸運な ラッキィ
rich	金持ちの リッチ	unlucky	不運な アンラッキィ
poor	貧乏の プア	wise	賢い ワイズ
famous	有名な フェイマス	smart	利口な スマート
popular	人気のある パピュラ	clever	利口な クレヴァ
busy	忙しい ビズィ	foolish	愚かな フーリッシュ
tired	疲れた タイアッド	careful	注意深い ケアフォ
sleepy	眠い スリーピィ	careless	不注意な ケアレス

ジ： こんなにいっぱい、覚えられるわけないって。

い： ほとんどは和製英語になってるだろ。たとえば「ハード（固い）」と「ソフト（柔らかい）」とか。

ジ： light ライトとか、同じ単語が2回出てきてるけど。

い： 基本的な単語は、いろんな意味を持っている。light には「軽い」「明るい」という意味のほかに、名詞で使えば「電灯」とか「光」の意味もあるのだ。

ジ： smart スマートは「利口な」って書いてあるけど、「やせている」っていう意味じゃないの？

い： 英語で You are smart. と言えば、ふつうは「君って頭いいね」の意味だ。カタカナ英語の意味が元の英語と食い違う例は山ほどある。たとえば日本語の「パンツ」は下着だけど、英語の pants パンツは「ズボン」の意味でも使う。

ところで、英語の形容詞には2つの使い方がある。

> (1) That house is **big**. ザット・ハウス・イズ・ビッグ
>   (あの家は大きい)
> (2) That's a **big** house. ザッツ・ア・ビッグ・ハウス
>   (あれは大きい家だ)

(1)は、A is B. のパターンだな。つまり、形容詞は「AはBです」のBとして使うことができる。たとえば…

- My house is **small**. マイ・ハウス・イズ・スモール
  (私の家は小さい)
- My wife is **strong**. マイ・ワイフ・イズ・ストゥロング
  (私の妻は強い)
- My shoes are **dirty**. マイ・シューズ・アー・ダーティ
  (私の靴は汚い)

ジ： 生活感ありすぎー！　全部自分のことじゃん。

い： 形容詞の第2の使い方は、「名詞の前に置く」という形だ。

- a **long** bridge ア・ロング・ブリッヂ（長い橋）
- **happy** days ハピィ・デイズ（幸福な日々）

big を例にとって形容詞の使い方をまとめると、こうなる。

> ①○○ **is big.** ＝○○は大きい。
> ②**(a) big** ○○＝大きな○○

ジ： しつもーん。さっき、That house is big. ってのがあったでしょ。あれって、That house is a big. みたいに a

　　　　はつかないの？
い：　a は「ひとつの」って意味だから，モノや人の前に置く。a big house（大きな家）の場合，a は，house にくっついてるわけだ。だから，a house とは言うけど a big とは言わない。big はモノじゃないから。
ジ：　ふーん。
い：　ここで，**the** ザ（その）の話もしておくのだ。

---
(3) Mr. Tanaka is ***a*** *doctor*.　ミスタ・タナカ・イズ・ア・ダクタ
　　（田中氏は医者です）
(4) ***The*** *doctor* is my father.　ザ・ダクタ・イズ・マイ・ファーザ
　　（その医者は私の父親です）

---

　　(3)の a doctor（1人の医者）は，「世の中の（大勢いる）医者のうちの1人」という意味だ。(4)の The doctor（その医者）は，特定の1人の医者を指している。the は，こういう場合に使うのだ。
ジ：　ところで，Mr. ミスタって，なんでピリオドがついてるの？
い：　もともと長い語を縮めるときには，よくピリオドを使う。たとえば「富士山」は Mt. Fuji マウント・フジと言う。この Mt. は，mountain マウンテンヌ（山）を縮めた形だ。Dr. ダクタなんかもそう。doctor（医者）を縮めた形だな。人の敬称としては，次の4つを覚えておくといい。
● **Mr.** Ikeda　ミスタ・イケダ（池田氏＝男性）
● **Mrs.** Ikeda　ミスィズ・イケダ（池田さん＝既婚女性）
● **Miss** Ikeda　ミス・イケダ（池田さん＝未婚女性）

● **Ms.** Ikeda ミズ・イケダ（池田さん＝既婚または未婚女性）

　Miss だけは，ピリオドなしで使うから気をつけること。最後の Ms. ミズは，「女性の呼び方を未婚・既婚の違いで区別するのはおかしい」という立場から生まれた，Mrs. と Miss の合成語なのだ。

ジ： じゃあ，「池田くん」はなんて言うの？

い： 単に Ikeda でいい。「くん」に当たる英語はない。ついでに言うと，「池田先生」は，たとえば男なら Mr. Ikeda と言う。「先生」は teacher ティーチャだけど，Teacher Ikeda のようには言わない。話がそれたけど，the は「ズィ」と読むこともある。アイウエオで始まる語の前にあるときがそうだ。まとめとこう。

	a・an	the
ふつうの読み方	**a** house ア・ハウス （1軒の家）	**the** house ザ・ハウス （その家）
アイウエオの前	**an** apple アン・ナプォ （ひとつのリンゴ）	**the** apple ズィ・アプォ （そのリンゴ）

い： それから，the は複数形の前に置くこともできるし，数字の前に置くこともできる。ほかの言い方といっしょにまとめてみよう。

● the two books （その2冊の本）
● these two books （これらの2冊の本）
● my two cars （私の2台の車）

第2日 「Aは〜する」　61

じゃ，ここで練習。「あの背の高い男の人は，私の先生です」を英語で言ってみよう。

ジ： えー，なんかややこしい。

い： 「A（あの背の高い男の人）はB（私の先生）です」と考えればいい。Aに当たる英語は？

ジ： that tall man ザット・トール・マンヌかな。

い： そう。Bは my teacher マイ・ティーチャだから…

ジ： That tall man is my teacher. ね。なんだ，簡単じゃん。

い： だろ？ じゃ，「あれらは2つの古い教会です」はどうだ？

ジ： ええと…Those two church…

い： 待った。それだと「あれらの2つの教会…」ってことになる。「A（あれら）はB（2つの古い教会）です」だから，Aに当たるのは those だけだ。

ジ： そっか。じゃあ，Those are two old church. ソウズ・アー・トゥ・オウルド・チャーチか。

い： 最後の church は，複数形にしないと。

ジ： あ，そうそう。churchs ？

い： 違う。churches チャーチィズ。

ジ： あー，ややこしい！ …ところでさー，two old churches って，日本語だと「古い2つの教会」とも言うじゃん。だったら，old two churches でもいいの？

い： だめ。「形容詞は，a・an・this・that・数字などの後ろに置く」という決まりがある。たとえば，this new camera（この新しいカメラ）とは言うけど，new this camera とは言えない。単語を並べる順序を，例で確認

しておこう。

単数の場合	a big bird（1羽の大きな鳥） the big bird（その大きな鳥） this big bird（この大きな鳥） that big bird（あの大きな鳥） my big bird（私の大きな鳥）
複数の場合	big birds（大きな鳥たち） the big birds（その大きな鳥たち） these big birds（これらの大きな鳥たち） those big birds（あれらの大きな鳥たち） my big birds（私の大きな鳥たち） two big birds（2羽の大きな鳥たち）

ジ： 頭痛くなってきた…

い： these two big white birds（これらの2羽の大きな白い鳥たち）のように，いくらでも単語を並べることができるのだ。

ジ： もうカンベンしてー！

い： 続いて，**very**ヴェリィの使い方も見ておこう。very は，形容詞の前に置くことが多い。

----

(5) The fish is ***very*** *big*. ザ・フィッシュ・イズ・ヴェリィ・ビッグ
   (その魚はとても大きい)

(6) This is a ***very*** big room. ズィス・イズ・ア・ヴェリィ・ビッグ・ルーム
   (これはとても大きい部屋です)

ジ： これ，カンタン。

い： ただし，前に not があるときは気をつけよう。

> (7) The fish is**n't very** big. ザ・フィッシュ・イズント・ヴェリィ・ビッグ
> (その魚は<u>あまり</u>大きく<u>ない</u>)
> (8) This is**n't** a **very** big room. ズィス・イズント・ア・ヴェリィ・ビッグ・ルーム
> (これは<u>あまり</u>大きい部屋で<u>ない</u>)

ジ： (7)は，「その魚はとても大きくない」じゃないの？

い： それだと，「とても小さい」の意味になっちゃう。そうじゃなくて，「『とても大きい』というわけではない」ということ。つまり，

● not ＋ very 〜 ＝ あまり〜でない

〈基本的な形容詞③－その他〉

good	よい グッド	easy	やさしい イーズィ
bad	悪い バッド	difficult	難しい ディフィカォト
right	正しい ライト	fine	すばらしい ファインヌ
wrong	間違った ロング	wonderful	すばらしい ワンダフォ
true	本当の トゥルー	interesting	面白い インタレスティング
same	同じ セイム	foreign	外国の フォリン
different	異なる ディファレント	important	大切な イムポータント
fast	速い ファスト	necessary	必要な ネセサリィ
slow	ゆっくりの スロウ	strange	奇妙な ストゥレインヂ

《Exercise》

【1】カッコ内に適当な語を入れなさい。
 1. My father is a （　）. (私の父は教師です)
 2. （　） teacher is my mother. (その先生は私の母です)
 3. This is （　） animal. （　） animal is a cat.
   (これは動物です。その動物はネコです)
 4. The pencil （　） short. (その鉛筆は短い)
 5. Those boys （　）（　）.
   (あれらの男の子たちは背が高い)
 6. The building （　）（　）.
   (その建物は，新しくありません)
 7. "（　） your mother sick?" "Yes, （　）（　）."
   (「あなたのお母さんは病気ですか」「はい，そうです」)
 8. These rooms （　）（　） nice.
   (これらの部屋は，とてもすてきです)
 9. That is （　）（　）（　） church.
   (あれは，とても古い教会です)
10. Those houses （　）（　）（　）.
   (あれらの家は，あまり大きくない)

【2】英語に直しなさい。
 1. その建物は銀行です。
 2. その2匹の動物は犬です。
 3. 私たちの先生は親切です。
 4. 私の学校は大きくありません。
 5.「このアルバムは古いですか」「はい，そうです」

【3】カッコ内に適当な語を入れなさい。
 1. a ( ) ( ) （1人のよい先生）
 2. a ( ) ( ) （1人の悪い生徒）
 3. ( ) ( ) egg （この古い卵）
 4. ( ) ( ) room （私の新しい部屋）
【4】英語に直しなさい。
 1. ひとつのすてきな部屋　　2. 1人の小さな女の子
 3. ひとつの古いアルバム　　4. 1本の短い鉛筆
 5. 2人の金持ちの医者　　　6. 3つの大きな国
 7. マリコの新しいバッグ　　8. 私の新しい辞書
 9. あなたの親切なおばさん　10. 私の病気の母
【5】英語に直しなさい。
 1. あれらの家は小さい。
 2. あれらは小さな家です。
 3. これは私の新しいカメラです。
 4. あの古い建物は，私の学校です。
 5. あれらは，とても美しい鳥です。
 6. 彼の家は，とても大きいですか。
 7. 私たちの国は，あまり大きくない。
 8. これは，あまりよい教科書ではない。

(答)【1】1. teacher 2. The 3. an, The 4. is 5. are, tall 6. isn't, new 7. Is, she, is 8. are, very 9. a, very, old 10. aren't, very, big 【2】1. The building is a bank. 2. The two animals are dogs. 3. Our teacher is kind. 4. My school isn't big. 5. "Is this album old?" "Yes, it, is." 【3】1. good, teacher 2. bad, student 3. this, old 4. my, new 【4】1. a nice room 2. a small [little] girl 3. an old album 4. a short pencil 5. two rich doctors 6. three big countries 7. Mariko's new bag 8. my new dictionary 9. your kind aunt 10. my sick mother 【5】1. Those houses are small. 2. Those are small houses. 3. This is my new camera. 4. That old building is my school. 5. Those are very beautiful birds. 6. Is his house very big? 7. Our country isn't very big. 8. This isn't a very good textbook.

STEP 9 「〜の○○」

い： 今回は,「〜の」という言い方を勉強しよう。

---
(1)(a) *My father's car* is new. マイ・ファーザズ・カー・イズ・ニュー
　　　（父の車は新しい）
　(b) *His* car is new. ヒズ・カー・イズ・ニュー
　　　（彼の車は新しい）
(2) "Is *Linda's house* big?"「イズ・リンダズ・ハウス・ビッグ？」
　　（「リンダの家は大きいですか」）
　　"Yes, it is. *Her* house is big."「イエス・イティ・イズ。ハー・ハウス・イズ・ビッグ」
　　（「はい，そうです。彼女の家は大きいです」）

　「〜の○○」は，「人＋'s」の形で表すことは前にやったよな。たとえば「私の父」は my father だから，「私の父の車」は my father's car となる。

ジ： だったら，「彼の車」は he's car になるんじゃないの？

い： いや。特別な単語を使うんだな。表でまとめてみよう。

		私	あなた	彼	彼女	それ
単数	～は	**I** アイ 私は	**you** ユー あなたは	**he** ヒー 彼は	**she** シー 彼女は	**it** イット それは
単数	～の	**my** マイ 私の	**your** ユア あなたの	**his** ヒズ 彼の	**her** ハー 彼女の	**its** イッツ それの
複数	～は	**we** ウィ 私たちは	**you** ユー あなたたちは	**they** ゼイ 彼らは・彼女らは・それらは		
複数	～の	**our** アウア 私たちの	**your** ユア あなたたちの	**their** ゼア 彼らの・彼女らの・それらの		

　左の例(2)では，質問の文にある Linda's house（リンダの家）を，答える側は it（それ），her house（彼女の家）と言い換えている。つまり上の表の中の単語は，「前に出てきた言葉を短く言い換える」ときにも使う。こういう単語を「代名詞」と言う。

ジ： べつに，短く言わなくてもいいじゃん。

い： たとえば，Is that tall boy your brother? イズ・ザット・トール・ボイ・ユア・ブラザ（あの背の高い男の子は，君の弟ですか）とたずねられたとしよう。「はい，そうです」と答えたいときは，どう言う？

ジ： 「イエス」

い： おちょくっとんのか。文の形で答えろ。

ジ： Yes, he is. イエス・ヒー・イズだっけ？

い： そうだ。もし代名詞（he）を使わなかったら，Yes, <u>that tall boy</u> is. になっちまう。これだと長すぎて，言うのがめんどくさい。

第2日 「Aは～する」　69

ジ： じゅげむじゅげむ，ごこーのすりきれ…
い： 中学生の言うことかー！
ジ： ホントの中学生がこの本読んでたら，なんのギャグだかわかりませんね。あっはっは。

《**Exercise**》
【1】次の表を完成しなさい。

	私	あなた	彼	彼女	それ
～は	I	you	he	she	it
～の	my	your			
	私	あなたたち	彼ら・彼女ら・それら		
～は	we	you	they		
～の					

【2】カッコ内に適当な語を入れなさい。
 1. (　) house（私の家）
 2. (　) car（あなたの車）
 3. (　) uncle（彼のおじさん）
 4. (　) notebooks（彼らのノート）
 5. (　) cat（彼女のネコ）
 6. (　) teacher（彼女らの先生）
 7. (　) son（私たちの息子）
 8. (　) country（あなたたちの国）
 9. (　) textbooks（彼らの教科書）

【3】英語に直しなさい。
1. マリのお母さんは、私の母の友人です。
2. 私たちの先生は、とても親切です。
3. 彼らのおじさんは、病気ではありません。
4.「これらは彼の鉛筆ですか」「はい、そうです」
5.「彼女のお母さんは先生ですか」「はい、そうです」
6.「その動物は犬ですか」「はい。それの尾は長いです」

(答)【1】（上段左から順に）his, her, its, our, your, their
【2】1. my 2. your 3. his 4. their 5. her 6. their
7. our 8. your 9. their 【3】1. Mari's mother is my mother's friend. 2. Our teacher is very kind. 3. Their uncle isn't sick. 4. "Are these his pencils?" "Yes, they are."
5. "Is her mother a teacher?" "Yes, she is." 6. "Is the animal a dog?" "Yes. Its tail is long."

STEP 10　A＋動詞＋B．(AはBを〜する)

い： さて,ここからが今日の本題だ。今までは全部「Aは Bです」の形の文だったけど,ここからは「Aは〜する」の形を見ていこう。

> (1) **I play** baseball. アイ・プレイ・ベイスボール
> 　(私は野球をします)
> (2) You **speak** English. ユー・スピーク・イングリッシュ
> 　(あなたは英語を話します)

　英語と日本語を比べてみて,なにか気がつかないか?

ジ： えーと…Ｉは「私は」で,baseball は「野球」でしょ? そうすると,play が「します」っていう意味?

い： そう。つまり,「Ｉ(私は)＋play(します)＋baseball (野球を)」という順番で単語が並んでいるわけだ。

ジ： 日本語と同じ順番で並べたら,I baseball play. でしょ。これじゃダメなの?

い： ぜったいダメ。まず,次の基本形を覚えよう。

AはBを〜する。＝ A ＋ 動詞 ＋ B．

ジ： 「動詞」って,なに?　あたしが文法キライなの,知ってるでしょ。

い： 動詞ても覚えろ。

ジ： シャレかよ*！*　だれもわかんねーよ*！*

い： いや,だから,「ドウシても覚えろ」って…

ジ： だから,ダジャレを説明すんな*！*

い： とにかくだ。動詞は「～する」という動作とかを表すコトバで，たとえば次のようなものがある。

〈動作を表す動詞ー①〉

speak	話す スピーク	help	助ける ヘゥプ
read	読む リード	wait	待つ ウエイト
write	書く ライト	study	勉強する スタディ
watch	見る ウァッチ	learn	学ぶ ラーン
eat	食べる イート	teach	教える ティーチ
drink	飲む ドゥリンク	make	作る メイク
open	開ける オウプンヌ	use	使う ユーズ
close	閉じる クロウズ	wash	洗う ウォッシュ
play	する プレイ	touch	触れる タッチ

い： では，問題。「私は魚を食べます」は英語でなんと言う？
ジ： えーと…I eat fish. アイ・イート・フィッシュかな。
い： 正解。「A＋動詞＋B」で，「AはBを～する」。これが基本。ただし，動詞には「動作」じゃなくて「状態」を表すものもある。たとえば，I love you. アイ・ラヴ・ユーの意味は知ってるよな。
ジ： 言われたことないから，わかんなーい。
い： そうだな。すまん。
ジ： 納得すんなー！
い： この love は「愛している」という意味の動詞だ。だからI love you. は「私はあなたを愛しています」。こうい

第2日 「Aは～する」　73

うふうに，状態や気持ちを表す動詞もいくつか出して
おこう。

〈状態や気持ちを表す動詞〉

like	好きだ ライク	know	知っている ノウ
love	愛している ラヴ	see	見える スィー
want	ほしい ウォント	hear	聞こえる ヒア

たとえば，こんなふうに使う。

- (3) I **want** this bag. アイ・ウォント・ズィス・バッグ
  (私はこのバッグがほしい)
- (4) I **know** his name. アイ・ノウ・ヒズ・ネイム
  (私は彼の名前を知っています)
- (5) I **see** a big bird. アイ・スィー・ア・ビッグ・バード
  (大きな鳥が見える)

ジ： (3)とか，「Bを〜する」になってないじゃん。「バッグ<u>が</u>」って書いてあるし。

い： 「私はこのバッグ<u>を</u>欲する」が元の意味だ。I like soccer. アイ・ライク・サッカーも，「私はサッカー<u>を</u>好む⇒私はサッカーが好きだ」みたいに考えればいい。

ジ： バッグをよくする？

い： 「ほっする」だ，あほたれ！ 漢字も読めんのかい！

ジ： 会話の実況中継になってねーや。あはは。

い： 余計なツッコミ入れんでよろしい。play の使い方は，まとめて覚えておくべし。

〈スポーツに関する表現〉

play baseball	野球をする　プレイ・ベイスボール
play soccer	サッカーをする　プレイ・サッカー
play tennis	テニスをする　プレイ・テニス
play basketball	バスケットボールをする　プレイ・バスケットボール
play golf	ゴルフをする　プレイ・ガオフ

ジ： じゃ，「仕事をする」は，play work プレイ・ワークかな？

い： 違う。play にはもともと「遊ぶ」という意味があって，遊びとしてやるものにしか使えない。

ジ： 遊び感覚で仕事やってる人もいるじゃん。

い： 仕事は遊びじゃないから，play は使えない。「私は仕事をする」は，I do my work. だ。play はスポーツやゲームを「する」ときに使うんだ。たとえば…

〈遊びに関する表現〉

play cards	トランプをする　プレイ・カーヅ
play a video game	テレビゲームをする　プレイ・ア・ヴィデオ・ゲイム
play catch	キャッチボールをする　プレイ・キャッチ
play hide-and-seek	かくれんぼをする　プレイ・ハイド・アンド・スィーク
play tag	鬼ごっこをする　プレイ・タグ

ジ： 「テレビゲーム」って，英語じゃ video game って言うの？

い： そうだ。テレビ番組を見ながらプレイするわけじゃないからな。それから，play catch にも気をつけよう。

play catchball とは言わないから。同じようなので、日本人がよく間違うのが「ダンス・パーティー」だ。英語では単に dance ダンス と言い、dance party とは言わない。それから、play には「(楽器を) 演奏する」という意味もある。このときは、<u>楽器の前に the をつけるんだ</u>。

〈楽器に関する表現〉

play the piano	ピアノをひく プレイ・ザ・ピアノウ
play the guitar	ギターをひく プレイ・ザ・ギター
play the violin	バイオリンをひく プレイ・ザ・ヴァイオリンヌ

い： 英語の動詞は、いくつかの種類に分けられる。その中でも、今勉強している「**A＋動詞＋B**」（AはBを〜する）の形で使う動詞が一番多い。だから、<u>この形が英語の一番基本的な表現方法</u>だと言っていいのだ。

《Exercise》

【1】カッコ内に入る適当な語を、下からひとつずつ選びなさい。

1. I （　） soccer.（私はサッカーをします）
2. I （　） television.（私はテレビを見ます）
3. I （　） my mother.（私は母を手伝います）
4. I （　） my father's car.（私は父の車を洗います）
5. We （　） English.（私たちは英語を話します）
6. We （　） English.（私たちは英語を勉強します）

7. We ( ) dictionaries.（私たちは辞書を使います）
   [speak, play, study, watch, wash, help, use]

【2】英語に直しなさい。
1. 私たちはテニスをします。
2. 私はフランス語を話します。
3. あなたはピアノをひきます。
4. 私は魚を食べます。
5. 私たちはサッカーが好きです。
6. 私はこの本がほしいです。

(答)【1】 1. play 2. watch 3. help 4. wash 5. speak 6. study 7. use 【2】 1. We play tennis. 2. I speak French. 3. You play the piano. 4. I eat fish. 5. We like soccer. 6. I want this book.

〈食事に関する名詞〉

meal	食事 ミール	hamburger	ハンバーガー ハムバーガ
breakfast	朝食 ブレックファスト	pizza	ピザ ピーツァ
lunch	昼食 ランチ	noodle	めん類 ヌードォ
supper	夕食 サパ	wine	ワイン ワインヌ
dinner	夕食 ディナ	beer	ビール ビア
cup	カップ カップ	whiskey	ウイスキー ウィスキィ
glass	グラス グラス	cooking	調理 クッキング
bottle	びん バトォ	sugar	砂糖 シュガ
tray	盆 トゥレイ	salt	塩 ソォト
dish	皿, 料理 ディッシュ	pepper	こしょう ペッパ
knife	ナイフ ナイフ	vinegar	酢 ヴィネガ
fork	フォーク フォーク	flour	小麦粉 フラウア
spoon	スプーン スプーンヌ	oil	油 オイル
chopsticks	箸 チャップスティックス	frying pan	フライパン フライイング・パンヌ
soup	スープ スープ	kettle	やかん ケトォ
salad	サラダ サラッド	microwave	電子レンジ マイクロウェイヴ
dessert	デザート ディザート	oven	オーブン アヴン
toast	トースト トウスト	refrigerator	冷蔵庫 レフリヂェレイタ
sandwich	サンドイッチ サンドウィッチ	freezer	冷凍庫 フリーザ

STEP 11　A＋don't＋動詞＋B.（AはBを～しない）

い： 次は,「～しない」の言い方を見てみよう。

(1) I ***don't*** *play* baseball. アイ・ドウント・プレイ・ベイスボール
　　（私は野球をしません）

ジ： ハイハイハイ, 質問！　don't って, なに？
い： その前に, 次の例を思い出してみよう。
　　● This *is* a pen.（これはペンです）
　　⇒ This *is* ***not*** a pen.（これはペンではありません）
　　つまり,「～ない」は not をつけて表すんだったよな？
ジ： だったら,「私は野球をしません」は I play <u>not</u> baseball. になるはずじゃん。それとも, I not play baseball. かな？
い： どっちも違う。次のように覚えとけ。

AはBを～しない。＝ A ＋ don't ＋動詞 ＋ B.

　　もう1回まとめると, こうなる。
　　(1) A is B. ⇒ A <u>*is not*</u> B.（AはBではない）
　　(2) A 動詞 B. ⇒ A ***don't*** 動詞 B.（AはBを<u>し</u>ない）
　　don't ドウントは, do not を短くした形だ。don't が「～ない」の意味を表す, と考えればいい。
ジ： not と don't の使い分けがよくわかんない。
い： 「is・am・are を使うときは, その後ろに not をつける」「それ以外のときは don't を使う」と覚えておけばいい。
　　ちょっと練習しておこう。次の2つの文を英語に直し

てみろ。
　　　(a)私は若くない。
　　　(b)私は魚が好きではない。
ジ： うー…なんか，こんがらがってきた。
い： 元の文で考えてみよう。(a)は「私は若い」，(b)は「私は魚が好きだ」という文が元になっている。
ジ： 「私は若い」は，I *am* young. アイ・アム・ヤングね。
い： そう。ここには am が出てくるから，「私は若く**ない**」は I am **not** young. アイ・アム・ナット・ヤングと言えばいい。じゃあ，(b)はどうだ？
ジ： 「私は魚が好きだ」は I like fish. だから…「好きではない」だったら I **don't** like fish. ね。
い： そういうこと。初心者はよく，I am not like fish. なんていう間違いをするから気をつけよう。ちなみに，この文は英語としてはぜんぜん違う意味に誤解される。
ジ： なんて意味？
い： 動詞の like は「好きだ」の意味だけど，is like だと「似ている」という意味になる。だから，I am not like fish. は「私は魚に似ていない」だな。このへんの話は，ずっとあとで出てくる。

〈動作を表す動詞ー②〉

sell	売る セル	cut	切る カット
buy	買う バイ	break	こわす ブレイク
take	持って行く テイク	catch	つかまえる キャッチ
bring	持って来る ブリング	get	手に入れる ゲット
drive	運転する ドゥライヴ	lose	失う ルーズ
meet	会う ミート	find	見つける ファインド

《**Exercise**》

【1】間違いを直しなさい。
1. I like not basketball.
（私はバスケットボールが好きではありません）
2. You are not help your mother.
（あなたはお母さんを手伝いません）
3. We not speak English.（私たちは英語を話しません）

【2】カッコ内に適当な語を入れなさい。
1. You（　）know my name.（あなたは私の名前を知らない）
2. I（　）（　）fish.（私は魚を食べない）
3. I（　）（　）rich.（私は金持ちではない）
4. We（　）（　）golf.（私たちはゴルフをしない）
5. We（　）（　）Americans.
（私たちはアメリカ人ではない）

【3】英語に直しなさい。
1. 私はテレビを見ない。
2. 私は学生ではない。
3. あなたは本を読まない。
4. あなたは子供ではない。

（答）【1】1. like not ⇒ don't like 2. are not ⇒ don't 3. not ⇒ don't 【2】1. don't 2. don't, eat 3. am, not 4. don't, play 5. are, not 【3】1. I don't watch television. 2. I'm not a student. 3. You don't read books. 4. You aren't a child.

STEP 12　Do＋A＋動詞＋B?（AはBを〜しますか）

い：　今度は，「〜ですか」とたずねる言い方だ。

(1)(a) "***Do*** you *play* baseball?"「ドゥ・ユー・プレイ・ベイスボール？」
　　　（「あなたは野球をしますか」）
　(b) "Yes, I ***do***."「イエス・アイ・ドゥ」
　　　（「はい，します」）
(2)(a) "***Do*** you *like* soccer?"「ドゥ・ユー・ライク・サッカー？」
　　　（「あなたはサッカーが好きですか」）
　(b) "No, I ***don't***."「ノウ・アイ・ドゥント」
　　　（「いいえ，好きではありません」）

これも，まず基本形を出しておこう。

AはBを〜しますか。＝ Do ＋A＋ 動詞 ＋B?
はい，します。＝ Yes, A do .
いいえ，しません。＝ No, A don't .

ジ：　この **Do** ドゥって，さっき出てきた don't と関係あるの？
い：　もちろん。さっきと同じように，比べてみよう。
　　(1) A is B. ⇒ *Is* A B?（AはBですか）
　　(2) A 動詞 B. ⇒ *Do* A *動詞* B?（AはBをしますか）
　　(1)ではAとisを入れ替えればいい。(2)では，**Doを文の最初に入れる**。
ジ：　(1)(b)の答え方は，Yes, I play. じゃダメなの？
い：　そうは言わない。答えるときもdoを使うんだ。Yes, I do. と No, I don't. は，この形で丸暗記しておこう。

ジ： どうしても覚えなきゃダメ？
い： doドゥーしても，ダメ。
ジ： だから，通じねーよ！

《Exercise》
【1】間違いを直しなさい。
1. Are you like soccer?
 （あなたはサッカーが好きですか）
2. "Want you a new car?" "Yes, I do."
 （「新しい車がほしいですか」「はい，ほしいです」）
3. "Do you speak English?" "No, I'm not."
 （「あなたは英語を話しますか」「いいえ，話しません」）
4. "Do you happy?" "Yes, I do."
 （「あなたは幸せですか」「はい，幸せです」）

【2】カッコ内に適当な語を入れなさい。
1. "(　)(　) use a pen?" "Yes, (　)(　)."
 （「あなたはペンを使いますか」「はい，使います」）
2. "(　)(　)(　) books?" "No, (　)(　)."
 （「あなたは本が好きですか」「いいえ，好きではありません」）
3. "(　)(　) hungry?" "Yes, (　)(　)."
 （「おなかがすいていますか」「はい，すいています」）

【3】英語に直しなさい。
1.「あなたは魚を食べますか」「はい，食べます」
2.「カメラがほしいですか」「いいえ，ほしくありません」

(答)【1】1. Are ⇒ Do 2. Want you ⇒ Do you want 3. I'm not ⇒ I don't 4. Do ⇒ Are, do ⇒ am 【2】1. Do, you, I, do 2. Do, you, like, I, don't 3. Are, you, I, am 【3】1. "Do you eat fish?" "Yes, I do." 2. "Do you want a camera?" "No, I don't."

STEP 13　A＋動詞［-s］＋B.（AはBを〜する）

い： じゃ，次。「彼は野球をします」を英語で言ってみよう。
ジ： He play baseball. じゃん。
い： ちがう。正解は，こうだ。

> (1) He **plays** baseball.　ヒー・プレイズ・ベイスボール
> 　　（彼は野球をします）

ジ： なんで play に s がつくの？ 「彼」は 1 人だから複数じゃないじゃんよ。
い： この s は，複数形の s じゃない。次のルールを覚えておこう。

●**主語が単数のときは，動詞の後ろに s をつける。**
　※ただし，主語が I・you のときを除く。

ジ： 「主語が単数のとき」って，どういう意味？
い： **「主語」**とは，「〜は」「〜が」に当たる言葉のこと。たとえば A is B.（A は B です）の A が「主語」だ。「単数」とは，前にも言ったように「ひとつ［1 人］」のこと。2 つ［2 人］以上は「複数」だな。たとえば…
　① I **play** baseball.（私は野球をします）
　② Tom **plays** baseball.（トムは野球をします）
　③ Tom and Ken **play** baseball.（トムとケンは野球をします）
　play に s がつくのは，②の場合だけだ。②の主語の Tom は単数だから。①の I も単数だけど，I と you のあ

との動詞にはsはつかない。③のTom and Kenは2人だから複数。sはつかない。

ジ： ややこしいよ〜！

い： 「**3単現**（3人称単数現在）**のs**」って，中学で習ったろ？

ジ： だーかーら！　あたしゃナンも知らない中1生だって。

い： ただし，単純にsをつけるだけじゃない場合もあるので注意！

> (2) My father **watches** television.　マイ・ファーザ・ウァッチィズ・テレヴィジョン
> 　　（私の父はテレビを見ます）
> (3) The student **studies** English.　ザ・ステューデント・スタディズ・イングリッシュ
> 　　（その生徒は英語を勉強します）

ジ： watchって，「時計」じゃないの？

い： 同じつづり字で違う意味を持つ単語がある。日本語でも「はし」には「橋」「端」「箸」とかの違う意味があるだろ？　watchは「時計」って意味もあるけど，ここでは「見る」の意味だ。

● **watch television ＝テレビを見る**

my fatherは単数だから動詞にsをつけるんだけど，watchの場合はsじゃなくてesがつく。ちょうど「時計」のwatchの複数形がwatchesになるのと同じだ。go ⇒ **goes** ゴゥズにも気をつけよう。

ジ： (3)のstudiesは？　こんなの辞書に載ってないよ。

い： 元の形はstudy スタディ（勉強する）。yで終わる語の場合は，**y ⇒ ies** のようになることがある。

第2日 「Aは〜する」　87

ジ： でも，さっきの play は plays だったじゃん。

い： 区別するルールはあるけど，複雑なので省略。よく出てくる動詞だけ丸暗記しといてもいい。たとえば…
- cry + s = **cries**（泣く）
- fly + s = **flies**（飛ぶ）
- study + s = **studies**（勉強する）
- try + s = **tries**（やってみる）

《Exercise》

【1】カッコ内から正しい方を選びなさい。
1. I (speak, speaks) English.
2. Ken (speak, speaks) English.
3. Ken and I (speak, speaks) English.
4. They (speak, speaks) English.

【2】カッコ内に下から適当な動詞を選んで入れなさい。なお，必要なら形を変えなさい。
1. She (   ) the guitar.（彼女はギターをひきます）
2. Emi (   ) her mother.（エミはお母さんの手伝いをします）
3. The boy (   ) television.（その男の子はテレビを見ます）
4. The dog (   ) fish.（その犬は魚を食べます）
5. We (   ) letters.（私たちは手紙を書きます）
6. My sister (   ) English.（姉は英語を勉強します）
7. They (   ) books.（彼らは本を読みます）

[read, write, play, study, watch, help, eat]

【3】英語に直しなさい。
1. マリはそのネコが好きです。
2. マリと私はテニスをします。
3. そのネコはテレビを見ます。
4. その男の子は私の名前を知っています。

(答)【1】1. speak 2. speaks 3. speak 4. speak 【2】1. plays 2. helps 3. watches 4. eats 5. write 6. studies 7. read 【3】1. Mari likes the cat. 2. Mari and I play tennis. 3. The cat watches television. 4. The boy knows my name.

STEP 14　A＋doesn't＋動詞＋B.（AはBを〜しない）

い： 今度は、さっきの文を使って「〜しない」という言い方を見てみよう。

> (1) He ***doesn't play*** baseball.　ヒー・ダズント・プレイ・ベイスボール
> **（彼は野球をしません）**

これも、比べてみるとわかりやすい。
(1) I play baseball.
　⇒ I *don't play* baseball.（私は野球をしません）
(2) He plays baseball.
　⇒ He *doesn't play* baseball.（彼は野球をしません）

ジ： doesn't って、なんて読むの？

い： 「ダズント」。does ダズ＋ not を縮めた形だな。does は、do の後ろに es がついた形だと思えばいい。だから、主語が単数のときにしか使わない。

ジ： つまり、plays みたいに s のついた動詞を「〜しない」の意味にするときは、don't じゃなくて doesn't を使う、ってこと？

い： そのとおり。じゃ、練習やってみよう。「私の父はテレビを見ません」を英語にしてみよう。

ジ： 「私の父はテレビを見ます」なら、My father watches television. でしょ？　「見ません」だったら…My father *doesn't watches* television. かな？

い： ちょっと違う。watches の es はいらない。正解は、My father *doesn't watch* television. だ。「彼は野球をしま

せん」も，He doesn't plays baseball. だとペケ。play の s は取らなきゃいけない。

ジ： なんで？

い： does = do + es だって，言ったろ？　ここに es をつけたから，動詞の方にはもう (e) s をつける必要ないわけ。ところで，ここまで来たら，話の流れで次になにをやるかわかるよな？

ジ： ぜんぜん。

い： 少しは頭を使え。今度は，「～ですか」とたずねる言い方だ。

---

(2)(a) "***Does*** he *play* baseball?"「ダズ・ヒー・プレイ・ベイスボール？」
　　（「彼は野球をしますか」）
　(b) "Yes, he **does**."「イエス・ヒー・ダズ」
　　（「はい，します」）
(3)(a) "***Does*** your father *watch* television?"
　　「ダズ・ユア・ファーザ・ウァッチ・テレヴィジョン？」
　　（「あなたのお父さんはテレビを見ますか」）
　(b) "No, he **doesn't**."「ノウ・ヒー・ダズント」
　　（「いいえ，見ません」）

ちょっとくどいけど，もう 1 回比べてみとこう。
(2) You play baseball.
　⇒ *Do* you play baseball?（あなたは野球をしますか）
(3) He plays baseball.
　⇒ *Does* he play baseball?（彼は野球をしますか）

要するに，do と does の関係は「～しない」のときと同

じだ。
ジ：　なんとなくはわかったような気がするけど…
い：　じゃ、もう1回まとめとこう。does は、「I・you 以外の単数のものが主語になるとき」に使う、ってとこがポイントだ。

do を使う場合	does を使う場合
You like soccer. （君はサッカーが好きだ）	He likes soccer. （彼はサッカーが好きだ）
You **don't** like soccer. （君はサッカーが好きではない）	He **doesn't** like soccer. （彼はサッカーが好きではない）
Do you like soccer? （君はサッカーが好きですか）	**Does** he like soccer? （彼はサッカーが好きですか）

〈人体に関する名詞①〉

body	体 バディ	arm	腕 アーム
bone	骨 ボウンヌ	hand	手 ハンド
muscle	筋肉 マスォ	elbow	ひじ エルボウ
skin	皮膚 スキンヌ	wrist	手首 リスト
head	頭 ヘッド	finger	指 フィンガ
neck	首 ネック	nail	爪 ネイル
shoulder	肩 ショウルダ	leg	脚 レッグ
back	背中 バック	foot	足 フット
breast	胸 ブレスト	knee	ひざ ニー
waist	腰 ウエイスト	heel	かかと ヒール

《Exercise》

【1】カッコ内に適当な語を入れなさい。

1. (　) you like music?（あなたは音楽が好きですか）
2. (　) he like music?（彼は音楽が好きですか）
3. Ken (　) play the guitar.（ケンはギターをひかない）
4. Ken and Akira (　) play the guitar.
　（ケンとアキラはギターをひかない）

【2】英語に直しなさい。

1.「あなたのお父さんは野球が好きですか」「はい，好きです」
2.「この犬は魚を食べますか」「いいえ，食べません」

(答)【1】1. Do　2. Does　3. doesn't　4. don't　【2】1. "Does your father like baseball?" "Yes, he does."　2. "Does this dog eat fish?" "No, it doesn't."

STEP 15　I know him.（私は彼を知っています）

い： 「A＋動詞＋B」の形で，Bの位置に「私」「あなた」「彼」などの言葉を置きたいときは，特別な形がある。

> (1) I know *the boy*. アイ・ノウ・ザ・ボイ
> （私はその男の子を知っています）
> (2) I know ***him***. アイ・ノウ・ヒム
> （私は彼を知っています）

ジ： (2)は，I know he. じゃないの？
い： he は「彼は」。「彼を」は **him** ヒムと言う。
ジ： なんでそんなに違うのよ。全部おんなじ形にすりゃいいじゃん。
い： ただの名詞だったら，たとえば Tom knows Mary./ Mary knows Tom. のように，「トムは」も「トムを」も Tom でいい。でも，「私」「あなた」「彼」などの言葉（代名詞）には，次の3つの形がある。

日本語の意味	英語の形	例
彼は	he	*He* is my friend.（彼は私の友達です）
彼の	his	This is *his* bag.（これは彼のバッグです）
彼を	him	I help *him*.（私は彼を手伝います）

ジ： ややこしいなあ。日本語みたいに，「は」や「を」を表す単語があったらいいのに。

い： 英語は単語の並べ方によって意味の違いを表す言語だから，そういう言葉は必要ないんだ。たとえば，Tom loves Mary. を訳してみよう。

ジ： 「トムはメアリを愛している」でしょ？

い： そう。じゃ，なぜこの文は「メアリはトムを愛している」という意味にならないのか？

ジ： だって，それは…

い： それは，「A＋動詞＋B . ＝AはBを〜する」というルールがあるからだ。だから，loves の前にある Tom を自動的に「トムは」と訳すことになる。

ジ： だったら，I know *he*. でも「私は彼を知っている」の意味になるはずだから，べつに him なんて使わなくたっていいのに。

い： 確かにそうとも言える。でも，英語に限らずヨーロッパの言語は，たいていこの種の形の違い（格変化）を持っている。次の表は前に出てきた表を拡張したものだ。基本中の基本だから，ぜったい丸暗記しろよ。

		私	あなた	彼	彼女	それ
単数	〜は	**I** アイ 私は	**you** ユー あなたは	**he** ヒー 彼は	**she** シー 彼女は	**it** イット それは
	〜の	**my** マイ 私の	**your** ユア あなたの	**his** ヒズ 彼の	**her** ハー 彼女の	**its** イッツ それの
	〜を	**me** ミー 私を	**you** ユー あなたを	**him** ヒム 彼を	**her** ハー 彼女を	**it** イット それを
複数	〜は	**we** ウィ 私たちは	**you** ユー あなたたちは	**they** ゼイ 彼らは・彼女らは・それらは		
	〜の	**our** アウア 私たちの	**your** ユア あなたたちの	**their** ゼア 彼らの・彼女らの・それらの		
	〜を	**us** アス 私たちを	**you** ユー あなたたちを	**them** ゼム 彼らを・彼女らを・それらを		

い： たとえば「私はあなたを愛しています」は，英語でなんと言う？

ジ： 「アイ・ラブ・ユー」。

い： そうか，おまえ，オレを愛してたのか。

ジ： いいかげんにしろよ，オヤジ。

い： 上の表を見ると，「あなたを」はyouだから，それでいいわけだ（I love you.）。じゃ，「私は彼女を愛している」ならどうだ？

ジ： ええと…「彼女を」は…**her**ハーね。つまり，I love her. アイ・ラヴ・ハー かな。

い： 正解。上の表がすらすら頭に浮かぶまで練習しよう。「アイ・マイ・ミー」「ユー・ユア・ユー」のようにく

り返して覚えるといい。

《Exercise》

【1】カッコ内に適当な語を入れなさい。
1. I love (   ).（私は彼女を愛している）
2. She loves (   ).（彼女は私を愛している）
3. Does she love (   )?（彼女はあなたを愛していますか）
4. Do you love (   )?（あなたは彼らを愛していますか）

【2】カッコ内に適当な語を入れなさい。ただし、質問の文に出てきた単語を使ってはいけません。
1. "Do you love John?" "Yes. I love (   )."
2. "Do you want this book?" "Yes, I want (   )."
3. "Do you like dogs?" "Yes. I like (   )."
4. "Does he know you and me?" "Yes, he knows (   )."

【3】英語に直しなさい。
1. 私はあなたがたを好きではない。
2. 彼の父親は私たちを知らない。

(答)【1】1. her 2. me 3. you 4. them 【2】1. him 2. it 3. them 4. us 【3】1. I don't like you. 2. His father doesn't know us.

STEP 16　A have [has] B．(AはBを持っている)

> (1) I **have** three dictionaries. アイ・ハヴ・スリー・ディクショナリィズ
>   (私は3冊の辞書を持っています)
> (2) He **has** three dictionaries. ヒー・ハズ・スリー・ディクショナリィズ
>   (彼は3冊の辞書を持っています)

い： ここで，have ハヴ（持っている）の話もしておこう。中学の教科書では，これを最初に習う場合もある。

ジ： (1)はいいけど，(2)の has ってのは？

い： さっきやったように，主語が単数（I・you 以外）のときは動詞に s をつける。でも，He haves ～ とは言わずに，has ハズという特別な形を使う。「持っていない」と言うときは，さっきと同じようにすればいい。

● I ***don't*** have a dictionary.
  （私は辞書を持っていません）
● He ***doesn't*** have a dictionary.
  （私は辞書を持っていません）

ジ： 下の文は，He doesn't has a dictionary? じゃないの？

い： それはマチガイ。has は「have + s」の代わり，と考えればいい。doesn't の es があるから，もう has を使う必要はない。動詞にくっつける s は1個でいいわけだ。質問する文も作ってみよう。

● ***Do*** you have brothers?（あなたには兄弟がいますか）
● ***Does*** he have brothers? （彼には兄弟がいますか）

ジ： 「います」っていうのは，「持っている」のと違わない？

い： 「兄弟を持っている」と「兄弟がいる」は同じ意味だろうが。英語の have はいろんな使い方ができる。たとえば,
- My cat **has** a long tail.
  （私のネコはしっぽが長い）
- This house **has** eight rooms.
  （この家には8つの部屋がある）

直訳はそれぞれ「私のネコは長いしっぽを持っている」「この家は8つの部屋を持っている」。英語の have・has は，こんなふうに幅広く使える動詞だ。

ジ： 家が「持っている」ってのはヘンよ。家は生き物じゃないんだから。

い： 日本語でも「古い歴史を持つ建物」とか言うだろ？
たとえば「私の学校にはプール（swimming pool）がある」は, My school has a swimming pool. マイ・スクール・ハズ・ア・スウィミング・プールのように言える。have・has は英語の動詞の中でも一番基本的なもののひとつで，have の使い方をマスターすれば英語は半分以上わかったも同然, と言ったら過言だ。

ジ： どっちだよ！

〈人体に関する名詞②〉

face	顔 フェイス	lung	肺 ラング
hair	髪 ヘア	heart	心臓，心 ハート
eye	目 アイ	stomach	胃 スタマック
ear	耳 イア	voice	声 ヴォイス
nose	鼻 ノウズ	breath	息 ブレス
mouth	口 マウス	blood	血 ブラッド
tooth	歯 トゥース	sweat	汗 スウェット
lip	唇 リップ	tears	涙 ティアズ
tongue	舌 タング	sleep	睡眠 スリープ
cheek	ほお チーク	dream	夢 ドゥリーム
jaw	あご ヂョー	feeling	感情 フィーリング
brain	脳 ブレインヌ	mind	精神 マインド

《Exercise》

【1】カッコ内に適当な語を入れなさい。
1. I ( ) three dictionaries.
   (私は3冊の辞書を持っている)
2. Masako ( ) three bags.
   (マサコは3つのバッグを持っている)
3. I ( ) two brothers.（私には兄弟が2人いる）
4. She ( ) long hair.（彼女の髪は長い）
5. The boy ( ) ( ) brothers.
   (その男の子には兄弟はいない)

【2】英語に直しなさい。
1. その動物は首が長い。
2.「君のお父さんは車を持っていますか」「はい，持っています」
3.「その部屋には窓がありますか」「はい，あります」

（答）【1】 1. have 2. has 3. have 4. has 5. doesn't, have
【2】 1. The animal has a long neck. 2. "Does your father have a car?" "Yes, he does." 3. "Does the room have a window?" "Yes, it does."

第2日 「Aは〜する」

STEP 17　A＋動詞．(Aは〜する)

い：　今度は，今までとはちょっと違う形を見てみよう。

> (1) Birds **fly**.　バーヅ・フライ
> 　　(鳥は，飛びます)
> (2) You **run** fast.　ユー・ランヌ・ファスト
> 　　(あなたは速く走ります)

ジ：　これ，さっきまでのとどこが違うの？

い：　今までは「A＋動詞＋B」という形を見てきたけど，上の例のような「Bのない文」もある。

ジ：　でも，(2)は fast って単語が動詞の後ろにくっついてるけど。これ，Bじゃないの？

い：　違う。「A＋動詞＋B＝AはBを〜する」だから，Bがないと文が成り立たない。たとえば，I have a pen. の a pen を省略して I have. だけにしたんじゃ，なんのことだかわからない。でも，上の(2)の fast は，省略しても意味が通じる。You run.（あなたは走ります）だけで文が成立するわけだ。

ジ：　まだ，よくわかんない。

い：　ポイントは，**動詞に「相手」が必要かどうか？**　ということだ。たとえば make（作る）の場合，I make. だけじゃ文にならない。I make cakes.（私はお菓子を作ります）みたいに，make という動作の「相手」になる言葉が必要だ。でも，run（走る）や walk（歩く）の場合は，「〜を」に当たる言葉は必要ない。

ジ： でも「公園を歩く」とか言うじゃん。
い： そういうことじゃない。「歩く」という動作は,なにも使わずにできるだろ。でも,「作る」とか「する」とか「持っている」とかは,なにかモノを使わないとできない。
ジ： つまり,モノを使うかどうかの違い,ってこと？
い： 今のところは,そう覚えておいてもいい。このタイプの動詞をいくつか出しておこう。

〈「相手のいらない」主な動詞〉

stand	立つ スタンド	sing	歌う スィング
sit	座る スィット	work	働く ワーク
walk	歩く ウォーク	sleep	眠る スリープ
run	走る ランヌ	die	死ぬ ダイ
swim	泳ぐ スウィム	start	出発する スタート
fly	飛ぶ フライ	leave	去る リーヴ
laugh	笑う ラーフ	begin	始まる ビギンヌ
cry	泣く クライ	end	終わる エンド

STEP 18　go to（～へ行く）など

い： 話のついで，次の形も見ておこう。

(1) We **go to** school.　ウィ・ゴウ・トゥ・スクール
 （私たちは学校へ行きます）
(2) I **listen to** the radio.　アイ・リスンヌ・トゥ・ザ・レイディオウ
 （私はラジオを聞きます）

　「～する」という意味を表すために，2つ（以上）の語を組み合わせて使う場合がある。ここでは主に「動詞＋前置詞」の形をまとめておこう。

ジ： ぜんちし？

い： 前置詞の説明はあとでやることにして，とりあえず覚えろ。

〈よく使う「動詞＋前置詞」〉

go to ～	～へ行く　ゴウ・トゥ
come to ～	～へ来る　カム・トゥ
look at ～	～を見る　ルック・アット
listen to ～	～を聞く　リスンヌ・トゥ
laugh at ～	～を笑う　ラーフ・アット
wait for ～	～を待つ　ウエイト・フォー
get into ～	～に入る　ゲット・イントゥ
get out of ～	～から出る　ゲット・アウト・オヴ
get to ～	～に着く　ゲッ・トゥ
arrive at ～	～に着く　アライヴ・アット

| look for ～ | ～を探す ルック・フォー |

たとえば go to ～（～へ行く）は，次のように使う。

- go to the barber('s)＝散髪に行く ゴウ・トゥ・ザ・バーバー(ズ)
- go to the movie(s)＝映画を見に行く ゴウ・トゥ・ザ・ムーヴィー(ズ)
- go to school ＝学校へ行く ゴウ・トゥ・スクール
- go to work ＝仕事に行く ゴウ・トゥ・ワーク
- go to bed ＝寝る ゴウ・トゥ・ベッド

ジ： school や bed には the がなくていいの？

い： これも説明はとりあえず省略。go と come を使った言い方は，まとめて丸暗記しとけ。

go out	外出する ゴウ・アウト
come back	帰ってくる カム・バック
go home	家へ帰る ゴウ・ホウム
come home	家へ帰ってくる カム・ホウム
go shopping	買い物に行く ゴウ・シャッピング
go swimming	泳ぎに行く ゴウ・スウィミング
go fishing	釣りに行く ゴウ・フィッシング
go skiing	スキーをしに行く ゴウ・スキイイング
go for a walk	散歩に行く ゴウ・フォー・ラ・ウォーク
go for a drive	ドライブに行く ゴウ・フォー・ラ・ドゥライヴ

ジ： go home は，go to home のマチガイじゃないの？

い： houseハウスは「家」という建物を表すけど、homeホウムは「家へ」とか「家で」とかいう意味なんだ。だから、go（行く）＋ home（家へ）＝「帰る」でいいわけだ。ついでに、**there**ゼア（そこへ）と **here**ヒア（ここへ）も出しておこう。

| go there | そこへ行く ゴウ・ゼア |
| come here | ここへ来る カム・ヒア |

ジ： んじゃ、go home と come home の違いって？

い： それぐらい、常識で考えろ！「もう家に帰らなくちゃ」とか言うときは go home で、「うちの子がまだ家に帰ってないんですけど」と言うときは come home だ。つまり、自分が家にいるときは come home で、自分が家の外にいれば go home ってことになる。ところで、「寝る（go to bed）」の反対の「起きる」は英語でなんて言う？

ジ： え～と…「ベッドへ行く」の反対だから…

い： 「起きる」は get up だ。これも、丸暗記。

get up	起きる ゲッ・タップ
stand up	立ち上がる スタン・ダップ
sit down	座る スィッ・ダウン
give up	あきらめる ギヴ・アップ

《Exercise》

カッコ内に適当な語を入れなさい。
1. go (　) (外出する)
2. go to (　) (寝る)
3. get (　) (起きる)
4. go (　) (帰宅する)
5. look (　) (～を見る)
6. listen (　) (～を聞く)
7. get (　) (～に入る)
8. arrive (　) (～に着く)
9. laugh (　) (～を笑う)
10. wait (　) (～を待つ)

(答) 1. out　2. bed　3. up　4. home　5. at　6. to　7. into
　　 8. at　9. at　10. for

第3日

「〜した」「〜だろう」など

STEP 19 「場所」の表し方

いかりや先生、以下 "い"： 最初は、きのうの続きだ。前置詞をもう少しくわしく見ていこう。
まず、次の例。

---
(1) My book *is* **on** *the desk.* マイ・ブック・イズ・オンヌ・ザ・デスク
   （私の本は、机の上にあります）
(2) The cats *are* **in** *that box.* ザ・キャッツ・アー・インヌ・ザット・バクス
   （そのネコたちは、あの箱の中にいます）

ジャリ子、以下 "ジ"： これって、A is B. の形でしょ？

い： A is B. は「AはBです」という意味だ。でも、次の形のときはちょっと意味が違う。

●A is ＋ 場所を表す言葉．＝Aは〜にあります［います］

(2)みたいにAが複数のときは、もちろん A are 〜になる。

ジ： で、on とか in とかは、なに？

い： on オンヌは、「〜の上に」、in インヌは、「〜の中に」という意味だ。たとえば、on the desk で「机の上に」の意味になる。

ジ： on the desk は「上の机」じゃないの？

い： 違う。on や in は、**後ろから訳す**のがポイントだ。「on the desk ＝机の上に」みたいに。これらの単語は、名詞の**前**に**置**かれるから「前置詞」と言う。

ジ： 前置詞って、on と in だけ？

い： とんでもない。英語の前置詞は，何十個もある。とりあえず，場所を表す主な前置詞を見ておこう。
- A is **in** インヌ〜. ＝ Aは〜の中にある［いる］
- A is **on** オンヌ〜. ＝ Aは〜の上にある［いる］
- A is **over** オウヴァ〜. ＝ Aは〜の上方にある［いる］
- A is **under** アンダ〜. ＝ Aは〜の下にある［いる］
- A is **by** バィ〜. ＝ Aは〜のそばにある［いる］
- A is **near** ニァ〜. ＝ Aは〜の近くにある［いる］
- A is **in front of** イン・フラン・ノヴ〜. ＝ Aは〜の前にある［いる］

ジ： 最後のは長いよー。

い： frontフラントは「前」って意味だ。in front of は，3つでまとめて「〜の前に」って意味になる。

ジ： 「ある」と「いる」っていうのは，どう違うの？

い： わかるだろ，そんくらい。Aがモノのときは「ある」で，生き物のときは「いる」だ。たとえば，「そのネコはテーブルの下にいます」を英語に直してみろ。

ジ： えーと…The cat is…そのあとは…

い： 上に書いてあるだろ。「〜の下に」は underアンダだ。

ジ： 説明がややこしいんですけど…。The cat is under table. かな？

い： table の前には the が必要だ。

ジ： a じゃダメなの？

い： この場合は特定のテーブルのことだから，the でないといけない。The cat is under the table.ザ・キャット・イズ・アンダ・ザ・テイブォ が正解だ。では，次。

第3日 「〜した」「〜だろう」など 111

(3) Our school *stands* **on** *the hill.* アワ・スクール・スタンヅ・オンヌ・ザ・ヒル

（私たちの学校は，丘の上に立っています）

(4) My uncle *lives* **in** *Osaka.* マイ・アンクォ・リヴズ・イン・オーサカ

（私のおじさんは，大阪に住んでいます）

(5) My father *works* **at** *that factory.*
マイ・ファーザ・ワークス・アット・ザット・ファクトリィ

（私の父は，あの工場で働いています）

これらの例では，Ａの後ろがいろんな動詞になっている。

● Ａ＋動詞＋場所を表す言葉．＝Ａは〜に［〜で］…する

たとえば(2)は，「大阪の中に住んでいる＝ live（住む）＋ in（〜の中に）＋ Osaka（大阪）」と考えればいい。

ジ： 使う前置詞がバラバラなのは，なんで？

い： それぞれの前置詞には，違った意味がある。特に気をつける必要があるのは，in と at ァット の違いだ。at も「場所（〜に，〜で）」を表す前置詞だけど，in とは次のように使い分けるんだ。

	使い方	例
at	比較的せまい場所について使う。	・**at** my house（私の家で［に］） ・**at** Tokyo Station（東京駅で［に］）
in	比較的広い場所について使う。	・**in** Japan（日本で［に］） ・**in** Tokyo（東京で［に］）

ジ： 東京駅は広いじゃん。それに，先生の家みたいなウサギ小屋なら at my house かもしれないけど，大きなお屋敷だったら in the house って言うわけ？

い： おまえ，なんでオレの家のことまで知ってるんだ。そういう意味じゃない。at は「ひとつの地点」を表すんだ。たとえば地図には東京駅はひとつの点として表されてるだろ？　だから「東京駅で」は at Tokyo Station と言う。

ジ： でも，世界地図なら「東京」だってひとつの点じゃん。

い： あー，うるさい！　とにかく覚えとけ。ふつう，市や町より大きい場所には in を使う。ただし，「〜の中で」という意味を表したいときは，狭い場所でも in を使う。だからたとえば「私はその店で彼に会う」は，次の2通りの言い方ができる。

(a) I meet him ***in*** *the store* .　アイ・ミート・ヒム・インヌ・ザ・ストア
(b) I meet him ***at*** *the store* .　アイ・ミート・ヒム・アット・ザ・ストア

(a)だと「店の中を歩いていると彼を見つける」みたいな感じだ。(b)は単に「(店のある) その場所で会う」という意味になる。

STEP 20　There is 〜．（〜があります）

い：「場所」を表す言い方となると，次の形はどうしても知っておく必要がある。

---
(1) **There is** *a pen* on the desk. ゼア・リズ・ア・ペンヌ・オンヌ・ザ・デスク
（机の上にペンが1本あります）
(2) **There are** *five boys* in the classroom.
ゼア・ラー・ファイヴ・ボーイズ・インヌ・ザ・クラスルーム
（教室には5人の男の子がいます）

まとめると，こうだ。

● **There is〔are〕＋○○＋〈場所〉. ＝〜に○○がある**

ジ：go there は「そこへ行く」でしょ？　there は「そこ」って意味じゃないの？

い：この形の there は，「そこ」とは訳さない。単に「〜がある」と訳す。否定文なら There isn't 〜（〜がない），疑問文なら Is there 〜？（〜がありますか）のように言えばいい。もうひとつ，気をつけることを言っとこう。次の文の違いがわかるかな？
(a) *The cat* is under the bed.
（そのネコはベッドの下にいます）
(b) There is *a cat* under the bed.
（1匹のネコがベッドの下にいます）

ジ：(a)は，There is the cat under the bed. じゃダメなの？

い：ダメ。There is ○○の形では，○○の位置に置けるの

は「不特定のもの」だけだ。だから，<u>There is *the* ～と
は言えない</u>。逆に(b)は，*A cat* is under the bed. とは言
わない。要するに There is ～の形は，「～があるんです
よ」てな感じで，初めて話題にするモノや人について
使う言い方だ。ついでに，次のような言い換えも覚え
ておこう。

---

(3) **There are** seven rooms *in this house*.
ゼア・ラー・セヴン・ルームズ・インヌ・ズィス・ハウス

= *This house* **has** seven rooms. ズィス・ハウス・ハズ・セヴン・ルームズ

（この家には7つの部屋があります）

公式ふうに言うと，こうなる。

● **There are** □ in ○○．＝○○ **has** □．

（○○には□がある）

前に言ったとおり，has [have] は「～があります」と
言うときにも使えるわけだ。じゃ，これを使って「1
週間は7日あります」を英語に直してみよう。「週」は
week ウィーク，「日」は day ディだ。

ジ： *There are* seven days in a week. ゼア・ラー・セヴン・デイズ・イ
  ン・ナ・ウィークね。

い： そう。じゃ，A week で文を始めるとどうなる？

ジ： A week *has* seven days. ア・ウィーク・ハズ・セヴン・デイズでい
  いのかな？

い： そうだ。直訳すると「1週間は7日を持っている」で，
  なんかヘンな感じだけど，英語ではこれもふつうの言
  い方だ。

第3日 「～した」「～だろう」など

《**Exercise**》

【1】カッコ内に適当な語を入れなさい。
1. Your bag (　) (　) the desk.
 (君のかばんは机の上にあります)
2. Kenji and Hiroshi (　) (　) the library.
 (ケンジとヒロシは, 図書館にいます)
3. The hotel (　) (　) the station.
 (そのホテルは, 駅のそばに立っています)
4. My sister (　) (　) that shop.
 (私の姉はあの店で働いています)
5. We speak Japanese (　) Japan.
 (日本では私たちは日本語を話します)
6. We see a bird (　) the river.
 (川の上の方に鳥が見えます)
7. The car stopped (　) front (　) the hospital.
 (その車は病院の前に止まった)
8. There (　) a hotel (　) the river.
 (川のそばに1軒のホテルがあります)
9. (　) (　) two boys (　) the tree.
 (木の下に2人の男の子がいます)

【2】与えられた語を適当に並べ替えなさい。
1. a, the, there, box, ball, in, is, ?
 (箱の中にボールがありますか)
2. boys, classroom, there, in, are, two, the, .
 (教室の中に2人の男の子がいます)

(答)【1】1. is, on 2. are, in 3. stands, by [near] 4. works, at 5. in 6. over 7. in, of 8. is, by [near] 9. There, are, under 【2】1. Is there a ball in the box? 2. There are two boys in the classroom.

STEP 21 「時」の表し方

い： 前置詞にはいろんな使い方があるので，続きを見てみよう。

---
(1) I get up ***at*** *seven*. アイ・ゲット・アップ・アット・セヴン
   （私は7時に起きます）
(2) I go shopping ***in*** *the afternoon*. アイ・ゴウ・シャッピング・インヌ・ズィ・アフタヌーン
   （私は午後買い物に行きます）

ジ： at とか in は，場所を表すんじゃないの？

い： 前置詞には，ものすごくいろんな意味がある。たとえば in は，**in** the room（部屋の中に）と言えば「場所」を表すし，**in** the morning（朝に）と言えば「時間」を表す。ここでは，「時」を表す前置詞の使い方を覚えよう。よく使うものは，丸暗記する方がいい。

〈時を表す前置詞〉

in the morning	午前中［朝］に	インヌ・ザ・モーニング
in the afternoon	午後に	インヌ・ズィ・アフタヌーン
in the evening	晩［夕方］に	インヌ・ズィ・イーヴニング
at noon	正午に	アット・ヌーン
at night	夜に	アット・ナイト
at seven (o'clock)	7時に	アット・セヴン（オクロック）
on Sunday	日曜日に	オンヌ・サンデイ
in summer	夏に	インヌ・サマー

ジ： なんでこんなにバラバラなの？　全部 in とかにすりゃいいじゃん。

い： <u>in は幅のある場所や時を表し，at は場所や時の１点を表す</u>。だから「午前中」「夏」のような幅のある時間帯を表すには in を使い，「正午」とか「７時」みたいに特定の時刻を表すときは at を使う。

ジ： じゃあ，夜はなんで at night なの？　曜日はなぜ on？

い： んなこと，オレが知るか！　覚えろ！

ジ： 説明できないんなら最初からそう言えよ。それに，「晩」と「夜」って，同じじゃん。

い： いいや。**evening** ィーヴニングは「日暮れから寝るまでの時間」で，**night** ナィトは「日暮れから夜明けまでの時間」のことだ。たとえば夜中の 12 時はふつう night だけど，午後 8 時は evening とも night とも言える。ついでに言うと，afternoon は，「after + noon ＝正午のあとに」の意味だ。

ジ： o'clock ってのは？

い： **o'clock** オクロックは「〜時」に当たる語だ。「７時に」は，at seven o'clock。単に at seven でもいい。

ジ： じゃあ，「７時半」は？

い： 時刻を表す言い方を見ておこう。

---

(3) **It's** *five ten*.　イッツ・ファイヴ・テンヌ
　　（５時 10 分です）

(4) **It's** *ten minutes **to** five*.　イッツ・テンヌ・ミニッツ・トゥ・ファイヴ
　　（５時 10 分前です）

第３日　「〜した」「〜だろう」など　119

こんなふうに，時刻は It's 〜で表す。「○時△分」なら，数字をそのまま並べればいい。たとえば「11時15分」なら，eleven fifteen イレヴン・フィフティーンだ。

〈時間・季節など〉

time	時間 タイム	year	年 イヤ
hour	時間 アウア	season	季節 スィーズンヌ
minute	分 ミニット	spring	春 スプリング
second	秒 セカンド	summer	夏 サマー
day	日 デイ	fall	秋 フォール
week	週 ウィーク	winter	冬 ウィンタ
month	月 マンス	century	世紀 センチュリィ

い： (4)の ten minutes to five は，「5時まで10分（ある）」ってことだ。また逆に ten minutes past five（5時を10分過ぎて）だけど，「5時10分過ぎです」は「5時10分です」と同じことだから，単に five ten と言えばいい。

ジ： time と hour って，どう違うの？　だいいち，hour でなんで「アウア」って読むのよ？　「ハウア」じゃないの？

い： hour はもともとはラテン語系（フランス語に近い）の言葉で，最初の h は発音しない。だから，our（私たちの）と同じ発音になる。honest アネスト（正直な）も同じ理屈だ。もともと英語では日本語ほど「ハヒフヘホ」の発音がはっきりしてなくて，ほかの単語でも似たようなことは起こるんだ。たとえば「彼の部屋で (in his room)」の発音は,「イン・ヒズ・ルーム」じゃなくて「インヌ・イズ・ルーム」とか「イン・ニズ・ルーム」と聞こえることがよくある。his の h の音が弱く読まれるからだ。ついでに言うと,語尾の t は「ラリルレロ」の音に変わることがよくある。たとえば get up（起きる）は「ゲラップ」。「出て行け！」は Get out! だけど,たいていは「ゲラウト！」って聞こえるよな。

ジ： で, time と hour の違いはどうなの？

い： **time** は「時」という抽象的な意味を表す。Time is money.（時は金なり）とか。**hour** の方は幅を持った「時間」のことで,「1時間」「2時間」のように数えるときは hour を使う。「2時間」なら two hours トゥ・アウァズだな。では,ひとつ問題を出そう。「1時間は60分です」を英語で言ってみろ。

ジ： えーと…「1時間」は, one time でいいの？

い： 違う！ 今言っただろ。時間の長さを言うときは, hour を使うんだ。だから「1時間」は one hour。an hour アン・ナゥァでもいい。ついでに言うと,「**30分**」は **half an hour** ハーフ・アン・ナゥァとも言う。half は「半分」の意味だ。

ジ： じゃあ,「1時間は60分です」は, An hour is sixty minutes. でいいのかな？

い： 間違いじゃないが,それだと「1時間＝60分」という数学の公式みたいに聞こえる。「1時間の中には60分ある」という言い方にしてみろ。最初の単語は, There だ。

ジ： ああ，なるほど。*There are* sixty minutes in an hour.
ゼア・ラー・スイクスティ・ミニッツ・イン・ナン・ナウアね。

い： 正解。それを，An hour で始めるとどうなる？

ジ： え？ 意味がわかんない。

い： この前のステップでやっただろ？ An hour *has* sixty minutes. アン・ナウア・ハズ・スイクスティ・ミニッツだ。「1時間は60分を持っている」と表すわけだ。では，次。「父は6時35分に帰宅します」を英語に直してみろ。

ジ： オヤジ，几帳面すぎ！ なんでそんなハンパな時刻に帰宅すんのよ。

い： とにかく，やれ。

ジ： 「帰宅する」って，come home だっけ？ じゃあ，My father come home…

い： comes だろ。

ジ： ああ，そうか。で，そのあとは…「6時35分に」って言えばいいんでしょ？

い： その「に」に当たる前置詞は？

ジ： えーと… at かな。つまり，My father comes home **at** six thirty-five. マイ・ファーザ・カムズ・ホウム・アット・スイクス・サーティファイヴね。

い： そうだ。やればできるじゃないか。おまえ，ときどきかしこくなるんだな。

ジ： いや，これ以上ムダな会話にページ使うとまずいし…単なる筆者の都合ですよ。どうせあたしら，架空のキャラだし。

い： それを言っちゃおしめえよ。

STEP 22 さまざまな前置詞

い： 前置詞には，いろんな意味がある。場所や時以外を表す例を見てみよう。

---
(1) I study ***for*** *three hours.* アイ・スタディ・フォー・スリー・アウアズ
   （私は3時間勉強します）
(2) I go to school ***by*** *bus.* アイ・ゴウ・トゥ・スクール・バイ・バス
   （私はバスで通学しています）
(3) I play tennis ***with*** *Masao.* アイ・プレイ・テニス・ウィズ・マサオ
   （私はマサオといっしょにテニスをします）
(4) They work ***from*** *nine* ***to*** *five.* ゼイ・ワーク・フロム・ナイン・トゥ・ファイヴ
   （彼らは9時から5時まで働きます）

〈よく使う前置詞〉

at アット〜	〜〈場所〉に［で］/ 〜〈時刻〉に
in インヌ〜	〜〈場所〉の中に［で］/ 〜〈幅のある時間〉に
on オンヌ〜	〜〈場所〉の上に［で］/ 〜〈特定の日〉に
for フォー〜	〜〈時間〉の間 / 〜のために
from フロム〜	〜〈場所・時〉から
to トゥ〜	〜へ / 〜まで
before ビフォア〜	〜の前に
after アフタ〜	〜のあとに
under アンダ〜	〜の上に
near ニア〜	〜の近くに
by バイ〜	〜のそばに / 〜によって

| **with** ウィズ〜 | 〜といっしょに / 〜を使って |

ジ： こんなに，覚えられないって。
い： こんなのはごく初歩だ。カタカナ英語になってるのもいっぱいある。たとえば「アンダーシャツ」（下着）とか，「ニアミス」（飛行機の異常接近）とか。ほかにも「スタンバイする」は stand by で（この by は前置詞じゃないけど），「そばに立っている⇒待機する」ってわけだ。

《Exercise》

カッコ内に適当な語を入れなさい。

1. I get up (　) six (　) the morning.
 （私は午前6時に起きます）
2. The train arrives (　) noon.
 （その列車は正午に着きます）
3. I take a walk (　) the evening.
 （私は夕方散歩します）
4. I don't go out (　) night.
 （私は夜は外出しません）
5. I go shopping (　) Sundays.
 （私は日曜日には買い物に行きます）
6. We go skiing (　) winter.
 （私たちは冬にはスキーに行きます）
7. We play soccer (　) school.
 （私たちは放課後サッカーをします）

8. My father comes home ( ) seven.
   (父は7時前に帰宅します)
9. We go to school ( ) bus.
   (私たちはバスで学校へ行きます)
10. I play tennis ( ) Hideo.
    (私はヒデオといっしょにテニスをします)
11. I watch television ( ) eight ( ) nine.
    (私は8時から9時までテレビを見ます)
12. I watch television ( ) two hours.
    (私は2時間テレビを見ます)
13. The children are playing ( ) toys.
    (子供たちはおもちゃで遊んでいます)

(答) 1. at, in 2. at 3. in 4. at 5. on 6. in 7. after
8. before 9. by 10. with 11. from, to 12. for 13. with

STEP 23 「〜だった」

い： 今までの例文は，作るのにヒジョーに苦労したのだ。
ジ： なんで？
い： 今まで出てきた例文には，共通点があっただろ？　なにかわかるか？
ジ： そりゃあまあ，今日のタイトルから考えたらね…。
い： そう。今までの文は，全部「現在」のことしか言ってなかった。ここでは，「過去（〜だった・〜した）」を表す形を覚えよう。

---
(1) I **was** sick yesterday. アイ・ウォズ・スィック・イエスタデイ
　（私はきのう病気でした）
(2) They **were** kind. ゼイ・ワー・カインド
　（彼らは親切でした）

太字は「be 動詞」で，その過去形をまとめると，こうなる。

	主語が単数			主語が複数		
	I	you	その他	we	you	その他
現在形	am	are	is	are	are	are
過去形	**was**	**were**	**was**	**were**	**were**	**were**

ジ： つまり，過去形は was と were しかないの？
い： そう。is と am の過去形は，どっちも was だ。are の過去形は were。覚えやすいだろ？　否定文や疑問文の作

り方は，現在形のときと同じだ。

(3) His house **wasn't** big. ヒズ・ハウス・ウォズント・ビッグ
  (彼の家は大きくなかった)
(4) **Were** you tired? ワー・ユー・タイアド？
  (あなたは疲れていましたか)

● A *was* [*were*] *not* B. ＝AはBではなかった
● *Was* [*Were*] A B? ＝AはBでしたか

was not は wasn't ウォズント, were not は weren't ワーントとも言う。

《**Exercise**》
【1】カッコ内に適当な語を入れなさい。
 1. I (　) happy. （私はうれしかった）
 2. You (　) kind. （あなたは親切でした）
 3. He (　) angry. （彼は怒っていなかった）
 4. "(　) (　) sick?" "Yes, (　) (　)."
  （「君は病気でしたか」「はい，そうです」）
【2】英語に直しなさい。
 1. 私たちは悲しかった。
 2. その鳥たちは大きくなかった。
 3.「その部屋は広かったですか」「いいえ」

(答)【1】1. was 2. were 3. wasn't 4. Were, you, I, was
  【2】1. We were sad. 2. The birds weren't [were not] big.
  3. "Was the room large?" "No, it wasn't."

第3日 「～した」「～だろう」など

〈交通に関する名詞〉

car	車 カー	parking lot	駐車場 パーキング・ラット
bus	バス バス	driver's license	運転免許証 ドゥライヴァーズ・ライセンス
bus stop	バス停 バス・スタップ	gas station	ガソリンスタンド ギャス・ステイションヌ
taxi	タクシー タクスィ	railroad	鉄道 レイルロウド
cab	タクシー キャブ	subway	地下鉄 サブウェイ
truck	トラック トラック	train	列車 トゥレインヌ
bike	バイク,自転車 バイク	express	急行列車 エクスプレス
bicycle	自転車 バイスイクォ	ticket	切符 ティケット
way	道 ウェイ	ship	船 シップ
road	道路 ロウド	boat	ボート ボウト
street	通り ストゥリート	harbor	港 ハーバー
sidewalk	歩道 サイドウォーク	(air)plane	飛行機 (エア)プレイン
crossing	交差点 クロスィング	airport	空港 エアポート
signal	信号 スィグナォ	pilot	パイロット パイロット
traffic jam	交通渋滞 トゥラフィック・ヂャム	flight attendant	スチュワーデス フライト・アテンダント

ジ：「スチュワーデス」って，英語では「フライト・アテンダント」って言うの？

い：stewardess ステューアデスという単語もあるけど，最近はこっちを使うことが多い。-ess は女性を表す語尾で，たとえば男の神様が god ガッドで，女神様は goddess ガッデ

ス。「めすライオン」は lioness ライオネス。つまり, stewardess は steward ステューアッドの女性形ってことだ。
「ＰＣ」っていう略語を知ってるか？　ＰＣは, political correctness ポリティカル・コレクトネスの略語だ。直訳すると「政治的な正しさ」という意味だけど, もっぱら<u>「男女の差別意識を含む単語を, 別の言葉で言い換える運動」</u>というような意味で使われる。典型的な例を言うと, たとえば policeman ポリースマンヌだ。婦人警官を表すのに policeman はヘンだろ？

ジ：　じゃあ, 婦人警官は policewoman って言えばいいじゃん。

い：　そういう言い方もある。最近ではＰＣの観点から, いちいち男女を区別するような言い方はやめて, police officer ポリース・アフィサと言うことが多い。chairman チェアマンヌ（議長）もそうだ。女性の議長もいるから, chairperson チェアパースンと言う。salesman セイルズマンヌも, 同じように salesperson セイルズパースンと言う。person は「人」の意味だな。だからさっきの stewardess と steward も, 男女平等の観点から flight attendant と言うわけだ。これくらいは, 常識として知っておいた方がいい。

〈自然・地形に関する名詞〉

nature	自然 ネイチャ	hill	丘 ヒル
land	陸地 ランド	valley	谷 ヴァリィ
continent	大陸 カンティネント	forest	森 フォレスト
sea	海 スィー	desert	砂漠 デザート
ocean	大洋 オウシャンヌ	field	野原 フィールド
river	川 リヴァ	hole	穴 ホウル
lake	湖 レイク	earthquake	地震 アースクウェイク
pond	池 パンド	flood	洪水 フラッド
wave	波 ウェイヴ	ground	地面 グラウンド
beach	海岸 ビーチ	rock	岩 ラック
coast	海岸 コウスト	stone	石 ストウンヌ
island	島 アイランド	sand	砂 サンド
mountain	山 マウンテンヌ	mud	泥 マッド

STEP 24 「〜した」（-ed をつける形）

い： 次は「〜した」の形だ。

> (1) I **helped** my father. アイ・ヘゥプト・マイ・ファーザ
> （私は父の手伝いをした）
> (2) He **watched** televison. ヒー・ウァッチト・テレヴィジョン
> （彼はテレビを見た）

たとえば、「手伝いをする」は help だ。「手伝いをした」という過去の意味を表すときは、最後に ed をくっつけて、helped とすればいい。ed は「ド」または「ト」と読む。helped の場合は「ヘルプト」だ。実際の発音に忠実に書けば「ヘゥプト」だな。

ジ： どうやって区別するの？

い： 名詞の後ろの s を読むときに、books（ブックス）と girls（ガールズ）の区別とかやったろ？ あれと理屈は同じだ。「声を出す音」で終わる動詞のあとの ed は「ド」と読むけど、「声を出さない音＋ ed」のときは「ト」と読む。「k, p, s などのあとではト」、と覚えといてもいい。たとえば watched（見た）は「ウァッチト」で、opened（開けた）は「オウプンド」だ。さらに言うと、ed を「ィッド」と読む場合もある。t や d で終わる動詞のあとに ed をつけたときだ。たとえば、wanted。なんて読む？

ジ： ウァンティッド！

い： よく知ってるな。英語の張り紙で WANTED と書いて

あれば,「指名手配」の意味だ。もう1回, **ed の読み方**をまとめとこう。

読み方	種類	例
ド	声を出す音のあとの ed	open<u>ed</u> オウプンド
ト	声を出さない音のあとの ed	look<u>ed</u> ルックト
ィッド	t・d のあとの ed	want<u>ed</u> ウァンティッド

ジ： そうすると,「～した」の意味のときは, なんでも ed をつけりゃいいわけ？

い： いいや, ちょっと形が変わる場合もある。たとえば,

　(A) **like** ライク（～を好む）⇒ **like<u>d</u>** ライクト
　　※ e で終わる動詞のときは, d だけつける。
　(B) **stop** ストップ（止まる）⇒ **stopped** ストップト
　　※最後の文字を重ねて ed をつけることがある。
　(C) **study** スタディ（勉強する）⇒ **studi<u>ed</u>** スタディド
　　※最後の y を i に変えて ed をつけることがある。
　ただし, (B)と(C)は常にそうするとは限らない。

ジ： じゃ, どうやって見分けるの？

い： (B)型の動詞はわりと少ない。基本的なものは, drop ドゥラップ（落ちる）⇒ drop<u>p</u>ed, plan プランヌ（計画する）⇒ plan<u>n</u>ed, くらいかな。(C)型の動詞も, とりあえず次の4つくらいを覚えておけばいいだろう。

● **carry** キャリィ（持ち運ぶ）⇒ **carri<u>ed</u>** キャリィド
● **cry** クライ（泣く）⇒ **cri<u>ed</u>** クライド
● **try** トゥライ（やってみる）⇒ **tri<u>ed</u>** トゥライド

● **worry** ワーリィ（心配する）⇒ **worried** ワーリィド

い： 次は、「否定」と「疑問」の形だ。

---

(3) **I didn't help** my father. アイ・ディドント・ヘゥプ・マイ・ファーザ
（私は父の手伝いをしなかった）

(4) "**Did** he **watch** television?" "Yes, he **did**."
「ディッド・ヒー・ウァッチ・テレヴィジョン？」「イエス・ヒー・ディッド」
（「彼はテレビを見ましたか」「はい，見ました」）

---

did ディッドは「do の過去形」と考えればいい。「現在」の意味を表す形と比べるとわかりやすい。

● I *don't* help my father.（私は父の手伝いをしない）
● *Does* he watch television?（彼はテレビを見ますか）

ジ： does の過去形も did ?

い： そう。現在形は do と does を区別するけど，過去形は全部 did でいい。つまり，こういうことだ。

○ **didn't ＋動詞の原形＝○は～しなかった**
Did ○＋動詞の原形～？＝○は～しましたか
—**Yes, ○ did.**（はい，しました）
—**No, ○ didn't.**（いいえ，しませんでした）

ジ： 「原形」ってなに？

い： 「変化する前の形」，つまり，辞書の見出しとして書いてある形だ。たとえば，He loves me. の loves は動詞だけど，英和辞典の見出しには（s をつけない）元の形，つまり love しか載ってない。この love が「原形」ってことだ。

ジ： じゃあ，名詞の原形とかもあるの？

い： 動詞以外では「原形」という言葉は使わない。ただ、「元の形」を意識することは大切だ。たとえばpotatoes ポテイトゥズ は、見出し語としては辞書に載ってないから、単数形の potato（じゃがいも）で調べなきゃならない。

《Exercise》

【1】カッコ内に適当な語を入れなさい。
1. We（　）soccer.（私たちはサッカーをした）
2. He（　）English.（彼は英語を勉強した）
3. She（　）open the door.（彼女はドアを開けなかった）
4. "(　) you (　) him?" "Yes, (　)(　)."
（「彼に会いましたか」「ええ、会いました」）

【2】英語に直しなさい。
1. その少年は、父親を手伝った。
2. 私は彼女の名前を知らなかった。
3.「その男の子はこの辞書を使いましたか」「いいえ、使いませんでした」

（答）【1】1. played 2. studied 3. didn't 4. Did, meet[see], I, did 【2】1. The boy helped his father. 2. I didn't know her name. 3. "Did the boy use this dictionary?" "No, he didn't."

〈学校に関する名詞〉

school	学校 スクール	library	図書館 ライブラリィ
kindergarten	幼稚園 キンダガートゥン	lesson	授業 レスン
elementary school	小学校 エレメンタリ・スクール	notebook	ノート ノウトブック
junior high school	中学校 ジュニア・ハイ・スクール	textbook	教科書 テクストブック
high school	高校 ハイ・スクール	homework	宿題 ホウムワーク
university	大学 ユニヴァースィティ	exam	試験 イグザム
college	大学 カレッヂ	examination	試験 イグザミネイションヌ
class	クラス クラス	science	科学 サイエンス
classmate	級友 クラスメイト	history	歴史 ヒストゥリィ
classroom	教室 クラスルーム	math	数学 マス

STEP 25 「〜した」（不規則な形）

い： 次は，ちょっとややこしいぞ。

> (1) I **went** to the library. アイ・ウェント・トゥ・ザ・ライブラリィ
> （私は図書館へ行った）
> (2) He **read** the novel. ヒー・レッド・ザ・ナヴェル
> （彼はその小説を読んだ）

ジ： 「行く」はgoでしょ？　だったら，「行った」はgoedじゃないの？

い： 英語の動詞を「〜した」という過去の意味にするときはedをくっつけるのが原則だけど，特別な形（過去形）を使うこともある。これは，丸暗記するしかない。go（行く）の過去形は，wentウェントだ。

ジ： ぜんぜん形が違う！

い： しょうがないだろ。覚えろ。readリード（読む）の過去形は，つづりは同じreadだけど，発音は「レッド」と読む。

ジ： readにsはつかなくていいの？

い： sをつけるのは「3単現（3人称単数現在）」のときだから，過去形のときは当てはまらない。だから，主語がIでもHeでも同じ形を使えばいい。今までに出てきた動詞のうちで，こういう不規則な過去形を持っているものをまとめておこう。

意　味	原　形	過去形
始まる	begin ビギンヌ	began ビギャンヌ
こわす	break ブレイク	broke ブロウク
持って来る	bring ブリング	brought ブロート
買う	buy バイ	bought ボート
捕らえる	catch キャッチ	caught コート
来る	come カム	came ケイム
切る	cut カット	cut カット
する	do ドゥ	did ディッド
飲む	drink ドゥリンク	drank ドゥランク
運転する	drive ドゥライヴ	drove ドゥロウヴ
食べる	eat イート	ate エイト
見つける	find ファインド	found ファウンド
手に入れる	get ゲット	got ガット
行く	go ゴウ	went ウェント
持っている	have ハヴ	had ハッド
聞こえる	hear ヒア	heard ハード
知っている	know ノウ	knew ニュー
出発する	leave リーヴ	left レフト
失う	lose ルーズ	lost ロスト
作る	make メイク	made メイド
会う	meet ミート	met メット
読む	read リード	read レッド
走る	run ランヌ	ran レァンヌ
見える	see スィー	saw ソー
売る	sell セル	sold ソウルド

歌う	sing スィング	sang サング
座る	sit スィット	sat サット
眠る	sleep スリープ	slept スレプト
話す	speak スピーク	spoke スポウク
立つ	stand スタンド	stood ストゥッド
泳ぐ	swim スウィム	swam スワム
持って行く	take テイク	took トゥック
教える	teach ティーチ	taught トート
書く	write ライト	wrote ロウト

《**Exercise**》

【1】カッコ内の動詞を，過去形に変えなさい。

1. He (bring) an old album.
 (彼は古いアルバムを持って来た)
2. We (see) a red star. (私たちは赤い星が見えた)
3. The teacher (teach) science.(その先生は科学を教えた)
4. I (buy) a dictionary. (私は辞書を買った)
5. She (make) a cake. (彼女はケーキを作った)
6. They (get) the money. (彼らはその金を手に入れた)
7. He (catch) a big fish. (彼は大きな魚をつかまえた)
8. I (lose) my key. (私はカギをなくした)
9. I (take) an umbrella with me. (私は傘を持って行った)
10. He (has) two brothers. (彼は2人の兄弟を持っていた)

【2】英語に直しなさい。

1. 彼女は長い手紙を書いた。
2. 私は彼女の手紙を読んだ。
3. 私たちは昼食を食べた。
4. 彼は小さな家を見つけた。

(答)【1】1. brought 2. saw 3. taught 4. bought 5. made 6. got 7. caught 8. lost 9. took 10. had 【2】1. She wrote a long letter. 2. I read her letter. 3. We ate lunch. 4. He found a small house.

第3日 「～した」「～だろう」など 139

第4日

動詞の意味の広がり

STEP 26 「時」を表す言葉

いかりや先生、以下 "い"： 文の終わりにくっつけて「特定の時」を表す言葉をまとめておこう。

> (1) I am busy ***now***.　アイ・アム・ビズィ・ナウ
> 　（私は今忙しい）
> (2) I met him ***yesterday***.　アイ・メット・ヒム・イエスタデイ
> 　（私はきのう彼に会った）
> (3) I went to Okinawa ***last month***.　アイ・ウェント・トゥ・オキナワ・ラスト・マンス
> 　（私は先月沖縄へ行きました）
> (4) He died ***three years ago***.　ヒー・ダイド・スリー・イヤーズ・アゴウ
> 　（彼は3年前に死にました）

〈「特定の時」を表す言葉〉

today	今日 トゥ**デ**イ
yesterday	きのう イ**エ**スタデイ
tomorrow	明日 トゥ**モ**ロウ
last week	先週 ラスト・ウィーク
next month	来月 ネクスト・マンス
this morning	けさ ズィス・モーニング
every morning	毎朝 エヴリィ・モーニング
three years ago	3年前 スリー・イヤーズ・ア**ゴ**ウ
now	今 ナウ
then	そのとき ゼン

い： 次の4つは、特に大切だ。

● **last** ラスト 〜＝この前の〜　● **next** ネクスト 〜＝次の〜
● **every** エヴリィ 〜＝毎〜　●〜 **ago** アゴウ ＝〜前

ジャリ子、以下"ジ"： ago だけ「〜」が前に来てるけど。

い： たとえば「来年」は「次の年」だから **next** year ネクスト・イヤー。「去年」は「この前の年」だから **last** year ラスト・イヤー。「1週間前」なら a week **ago** ア・ウィーク・アゴウになる。これらの言葉は、たいてい文の最後または最初に置く。たとえば(2)は、**Yesterday** I met him. のようにも言える。もうひとつ、**this** の使い方には気をつけよう。たとえば、this summer は「今年の夏」の意味だけど、今が春でも秋でも使える。つまり、
(A)今年の夏はハワイに行く予定です。
(B)今年の夏はハワイへ行きました。
このどちらの場合でも、this summer を使うことができる。

ジ： (A)は next summer, (B)は last summer って言えばいいんじゃないの？

い： それだと、「来年の夏」「去年の夏」の意味に誤解されるおそれがあるからな。ついでに言っとくと、「昨夜」は last night だが、「きのうの朝」は last morning じゃなくて **yesterday morning** と言う。「明日の朝」は **tomorrow morning** だ。よく使う言い方だから、丸ごと暗記しておこう。

《**Exercise**》

【1】カッコ内に適当な語を入れなさい。
 1. I went to the movies （　）.（今日映画に行った）
 2. （　）, I bought a new watch.（きのう新しい時計を買った）
 3. He leaves Japan （　）.（彼は明日日本を出発します）
 4. I'm busy （　）.（今私は忙しい）
 5. I write to her （　）（　）.
   （私は毎週彼女に手紙を書きます）
 6. I bought a camera （　）（　）.
   （先月カメラを買いました）

【2】［　］内の語を適当に並べ替えなさい。
 1. I ［to, last, Europe, year, went］.
   （私は去年ヨーロッパへ行きました）
 2. My ［ago, two, died, uncle, months］.
   （おじが2か月前に亡くなりました）

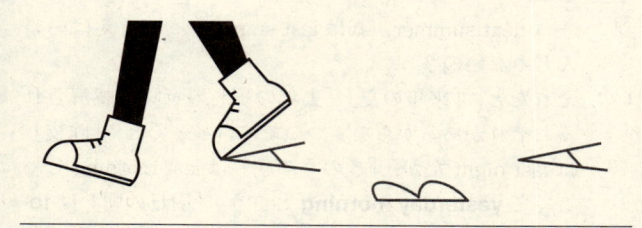

（答）【1】1. today 2. Yesterday 3. tomorrow 4. now
  5. every, week 6. last, month 【2】1. went to Europe last year 2. uncle died two months ago

STEP 27　動詞をくわしく説明する言葉

い： さっき，You run *fast*.（あなたは速く走る）って文があっただろ？

ジ： そうだっけ？

い： fast は「速く」という意味で，run（走る）をくわしく説明する働きをしている。こういう「説明の言葉」は，英語ではふつう**「A＋動詞（＋B）」の後ろに置く**ことになっている。こういうふうに使う言葉を，いくつか出してみよう。

〈動詞を説明する言葉〉

fast	速く ファスト	soon	まもなく,すぐに スーンヌ
slowly	ゆっくり スロウリィ	well	上手に ウェル
early	早く アーリィ	hard	熱心に ハード
late	遅く レイト	together	いっしょに トゥゲザー

い： これらの言葉は，文の最後に置くことが多い。たとえば，

(1) You speak English ***well***. ユー・スピーク・イングリッシュ・ウェル
　　（あなたは英語を上手に話します）
(2) My father gets up ***early***. マイ・ファーザ・ゲッツ・アップ・アーリィ
　　（私の父は早起きです［＝早く起きます］）

ジ： fast と early って，どう違うの？

い： fast は「速度が<u>速い</u>」，early は「時間帯が<u>早い</u>」てこと

第4日　動詞の意味の広がり　145

だ。「朝早く」なら，*early* in the morning と言う。次。very（とても）の使い方も復習しておこう。

> (3) You run ***very*** *fast*.　ユー・ランヌ・ヴェリィ・ファスト
> 　（あなたは<u>とても</u>速く走ります）
> (4) I *like* music ***very much***.　アイ・ライク・ミューズィック・ヴェリィ・マッチ
> 　（私は音楽が<u>とても</u>好きです）

　前に出てきたとおり，very は「とても」の意味だ。「あなたは英語をとても上手に話します」って，言ってみろ。

ジ： You speak very well English. かな。

い： 違う。上に書いてあるとおり，You speak English well. で「あなたは英語を<u>上手に</u>話します」だ。「<u>とても上手に</u>」だったら，well を <u>very</u> well に変えりゃいいだろが。

ジ： あ，なるほど。You speak English *very well*. ね。ところで，(4)の最後の much って，なに？

い： それは今は考えなくていい。「大好きだ」という言い方はよく使うので，丸暗記しとこう。

● **A like B *very much*.** ＝ AはBが大好きだ。

STEP 28 「頻度」を表す言葉

ジ: これ，なんて読むの？ 「へんど」？
い: 「ひんど」だ，バカモノ。「ひんぱんさの度合い」ってこと。

〈「頻度」を表す言葉〉

sometimes	ときどき **サ**ムタイムズ	always	いつも **オ**ールウェイズ
often	しばしば **オ**フン	usually	ふだん **ユ**ージュアリィ

語順に気をつけよう。これらの語は，ふつう「ⓢとⓥの間」に置く。ただし，ⓥが is・am・are のときは，その後ろに置く。

> (1) **I sometimes play tennis.** アイ・サムタイムズ・プレイ・テニス
> (私はときどきテニスをします)
> (2) The boy was **always** hungry. ザ・ボイ・ウォズ・オールウェイズ・ハングリィ
> (その少年はいつも空腹だった)

ジ: ⓢとかⓥって，なによ？
い: ⓢは「主語」，ⓥは「動詞」の略だ。これからも使うから，覚えとけよ。上の例で言うと，たとえば sometimes はⓢ (I) とⓥ (play) の間にはさんであるだろ？

第4日 動詞の意味の広がり 147

《**Exercise**》

【1】カッコ内に適語を入れなさい。
 1. You run very (   ).（あなたはとても速く走ります）
 2. I am tired, (   ).（私も疲れています）
 3. She gets up (   ).（彼女は早く起きます）
 4. He comes back (   ) at night.（彼は夜遅く帰って来た）
 5. He speaks (   ).（彼はゆっくり話す）

【2】カッコ内の語を入れる位置として適当なものを①〜③からひとつ選びなさい。
 1. I ① go ② to the ③ movies.（sometimes）
 2. The ① doctor ② is ③ kind.（always）
 3. They ① play ② tennis ③.（often）

【3】[   ] 内の語を適当に並べ替えなさい。
 1. I [music, much, like, very].
 （私は音楽が大好きです）
 2. He [the, very, guitar, well, plays].
 （彼はとても上手にギターをひきます）
 3. My mother [gets, always, early, up].
 （母はいつも早く起きます）
 4. My father [home, comes, late, usually].
 （父はふだん遅く帰ってきます）

（答）【1】1. fast 2. too 3. early 4. late 5. slowly 【2】1. ① 2. ③ 3. ① 【2】1. like music very much 2. plays the guitar very well 3. always gets up early 4. usually comes home late

STEP 29 is ＋〜ing（〜している）

い： 次は「〜している」という言い方を勉強しよう。例文は，こんな感じだ。

---
(1) A baby **is sleeping** in the bed. ア・ベイビィ・イズ・スリーピング・イン・ザ・ベッド
（赤ん坊がベッドの中で眠っている）
(2) I **am doing** my homework. アイ・アム・ドゥウイング・マイ・ホウムワーク
（私は宿題をしている）

次の形が基本だ。

Ⓢ **is ＋〜ing ＝Ⓢは(今)〜しているところだ**

言うまでもないけど，is は am や are にもなるからな。
- I *am* 〜ing. ＝私は〜している
- You *are* 〜ing. ＝あなたは〜している

ジ： これ，「ユー・アー・イング」って読むの？
い： 〜ing は「アイ・エヌ・ジー形」とも言う。
ジ： なんかさっき，is とふつうの動詞はぜったいいっしょに使わない，とか言ってなかったっけ？
い： この意味になるときは例外だ。ついでに，否定文と疑問文も見ておこう。This is a pen. のときと同じように考えればいい。

---
(2) I'm not **watching** television now.
アイム・ナット・ウァッチング・テレヴィジョン・ナウ
（私は今テレビを見ていません）

> (3) "**Is** he **reading** a newspaper?" "Yes, he **is**."
> 「イズ・ヒー・リーディング・ア・ニュースペイパ?」「イエス・ヒー・イズ」
> (「彼は新聞を読んでいますか」「はい,読んでいます」)

- ●Ⓢ is ＋ not ＋〜ing ＝Ⓢは(今)〜していない
- ●Is Ⓢ＋〜ing? ＝Ⓢは〜(今)〜していますか
  - —Yes, Ⓢ is.（はい,しています）
  - —No, Ⓢ isn't.（いいえ,していません）

では,例題をひとつ。「彼らは昼食(lunch)を食べている」を英語で言ってみよう。

ジ： え〜と…They are lunching. かな。

い： それは,初心者がよくやるマチガイだ。「〜ing」というのは,「動詞の原形＋ing」ってこと。lunch は名詞だから,ing はつけられない。「食べる」は eat だろ？

ジ： そっか。They are eating lunch. ゼイ・アー・イーティング・ランチね。

い： 正解。have も「食べる」の意味で使えるから,They are having lunch. ゼイ・アー・ハヴィング・ランチでもいい。

ジ： あれ？ haveing じゃないの？

い： e で終わる動詞のときは,e を取って ing をつけるんだ。
- ● come（来る）⇒ **coming**
- ● make（作る）⇒ **making**
- ● write（書く）⇒ **writing**

それから,最後の文字を重ねて ing をつける場合もある。

ジ： また,わかんないコトを…

い： 主に，m, n, t などの文字で終わる動詞だな。たとえば，
- swim（泳ぐ）⇒ **swimming**
- run（走る）⇒ **running**
- cut（切る）⇒ **cutting**

慣れてくれば自然に区別できるようになるから，心配しなくていい。ついでに，過去を表す形も見ておこう。

(4) He **was watching** TV. ヒー・ウォズ・ウァッチング・ティーヴィ
（彼はテレビを見ていた）

これは，簡単だろ？ つまり，

Ⓢ **was〔were〕+〜ing**＝Ⓢは〜していた

is を過去形の was にすれば，「〜している」が「〜していた」に変わるのは当然だ。

ジ： ところでさー，先生。ちょっとよくわかんないトコあるんだけど。

い： 少しは敬語を使えよな。

ジ： ま，いいから。「私はあなたを愛している」って言う場合，「している」って言葉が入ってるでしょ？ そしたら，I *am loving* you. になるんじゃないの？

い： ならない。「is +〜ing」の形は「進行形」と言うんだが，進行形になるのは「動作」を表す動詞だけだ。love, like, want, live のような「状態」を表す動詞は，ふつう進行形にはしない。

（例）I live〔× *am living*〕in Chiba.（私は千葉に住んでいる）

第4日 動詞の意味の広がり 151

「is +〜ing」を「〜している」と訳すから紛らわしいんであって,「〜しているところだ」と考えればいい。たとえば「彼は弁当を食べている」は「彼は弁当を食べているところだ」の意味だ。

《Exercise》

【1】カッコ内に適当な語を入れなさい。
1. He is (　) a book.（彼は本を読んでいます）
2. The boys (　)(　).（男の子たちは走っています）
3. He (　)(　) TV.（彼はテレビを見ていません）
4. "(　) you (　) your homework now?" "Yes, I (　)."
   （「あなたは今宿題をしていますか」「はい,そうです」）
5. He (　)(　) a letter.（彼は手紙を書いていました）
6. They (　)(　) beer.（彼らはビールを飲んでいました）

【2】与えられた語を適当に並べ替えなさい。
1. the, a, singing, girls, song, are, ?
   （女の子たちは歌を歌っていますか）
2. bed, baby, sleeping, the, a, was, on, .
   （1人の赤ん坊がベッドで眠っていました）

（答）【1】1. reading　2. are, running　3. isn't, watching　4. Are, doing, am　5. was, writing　6. were, drinking　【2】1. Are the girls singing a song?　2. A baby was sleeping on the bed.

STEP 30　will（〜だろう）

い： さて,「過去」の次は「未来（〜だろう）」を表す形だ。これはカンタン。動詞の前に will ゥィルをつければいい。

> (1) He ***will come*** here. ヒー・ウィル・カム・ヒア
> （彼はここへ来るでしょう）

ジ： でも,「彼はパーティーに来る」なら He comes to the party. でしょ？　will をくっつけたら, He will comes にならない？

い： いいや。will のあとにはいつでも「動詞の原形」を置く。

ジ： 「動詞の原形」ってなんだっけ？

い： 今までになんべん言うた思うとるんじゃ, ワレ。しばいたろか。

ジ： 広島弁と大阪弁が混じってますが。

い： 原形とは, 動詞のもともとの形のことだ。日本語でも英語でも, 動詞にはいわゆる「活用」がある。たとえば「行く」が元の形（国文法では終止形）で,「行かない」「行きます」「行け」みたいに変化する。これが「動詞の活用」だ。英語で言えば, go は goes になったり going になったりするけど, 原形は go, ってことだな。そこで, 次の例を見てみよう。

> (2) He ***will be*** busy tomorrow. ヒー・ウィル・ビー・ビズィ・トゥモロウ
> （彼は明日は忙しいでしょう）

第4日　動詞の意味の広がり　153

ジ： be ビーって,なに？

い： 「彼は忙しい」は,He is busy. だ。「忙しいだろう」なら,is の前に will を置くことになる。でも,He will is busy. とは言えない。is は「動詞の原形」じゃないからだ。is や am や are の原形は,be ビーなんだな。だから,これらをまとめて「**be動詞**」と言う。

ジ： 同じ動詞なのに,3つも4つも形があったらややこしいじゃんか。

い： いや,be動詞の形はこれだけじゃない。was や were も be動詞の活用形だ。英語では一般に,よく使う動詞ほど活用形が不規則なんだ。たとえば,過去形を作るときに go ⇒ went とか eat ⇒ ate みたいな不規則な変化をするのは,ほとんどが基本的な動詞だ。

　ついでに,will を使った否定や疑問の形も見ておこう。

---

(3) He ***will not*** *come* here. ヒー・ウィル・ナット・カム・ヒア

　（彼はここへ来ないでしょう）

(4) "***Will*** he *come* here?" "No, he ***won't***."
「ウィル・ヒー・カム・ヒア？」「ノウ・ヒー・ウォウント」

　（「彼はここへ来るでしょうか」「いいえ,来ないでしょう」）

- Ⓢ will not [won't] Ⓥ ＝ S は V しないだろう
- Will Ⓢ Ⓥ ？ ＝ S は V だろうか
  - Yes, Ⓢ will. ＝はい,そうです
  - No, Ⓢ won't. ＝いいえ,そうではありません

《**Exercise**》

カッコ内に適当な語を入れなさい。

1. He ( ) come to the party.
 (彼はパーティーに来るでしょう)
2. They ( ) ( ) tomorrow.
 (彼らは明日出発するでしょう)
3. He ( ) ( ) back.
 (彼は戻って来ないでしょう)
4. "( ) he help us?" "Yes, he ( )."
 (「彼は私たちを手伝うでしょうか」「はい,手伝うでしょう」)
5. "( ) they go there?" "No, they ( )."
 (「彼らはそこへ行くでしょうか」「いいえ,行かないでしょう」)

(答) 1. will 2. will, start [leave] 3. won't, come 4. Will, will 5. Will, won't

STEP 31 「〜しなさい」「〜しましょう」

い： 次は,「〜しなさい」の意味を表す言い方だ。

(1) ***Open*** the window. オウプン・ザ・ウィンドウ
 (窓を開けなさい)
(2) ***Close*** the door, ***please***. クロウズ・ザ・ドア・プリーズ
 =***Please close*** the door. プリーズ・クロウズ・ザ・ドア
 (ドアを閉めてください)

　　なんか,気がつかないか？
ジ： おっさんの頭,白髪がいっぱいあるよ。
い： だれがおっさんだ！　文を見ろ！　今までは,「A＋動詞（＋B）」という形を見てきたけど,上の2つの例文はいきなり動詞で始まってるだろ？
ジ： あ,そうか。じゃ,Aはどこ行ったの？
い： 「〜しなさい」と相手に命令するときは,**動詞の原形で文を始める**のが英語の決まりだ。この形を「**命令文**」と言う。
ジ： で,「〜してください」ってていねいに言うときは,please プリーズをくっつけりゃいいわけね。
い： そう。please は文の最初にも最後にも置ける。文の終わりで please を使うときは,その前にカンマを置くのがふつうだ。じゃ,ひとつ練習してみよう。ダンナが朝家を出るとき奥さんが「早く帰って来てね」と言うとしたら,英語でどう表す？
ジ： そんなん,言われたことないくせに。

い： いいから，やれ。

ジ： Come home fast. かな？

い： それだと，スピードを出して走って帰って来い，って意味になっちまう。正しくは Come home early. カム・ホウム・アーリィだ。fast と early の違いは，さっきやっただろ。

ジ： でもそれだと，奥さんがダンナに命令してんじゃん。Please とかつけなくていいの？

い： う〜ん…それは，ムズカシイとこだな。Please come home early. だと，ちょっとていねいすぎる。口調にもよるけど，「早く帰って来てね，大事なお話があるから」とかいうコワイ意味になりかねない。

ジ： なんか，おたくの夫婦関係を暗示してますね。

い： ほっとけ。命令文は，実際の会話では「命令」するような強い意味はなくて，気軽に使われるんだ。ついでに，ひとつ注意しておこう。当たり前のことだが，命令文には**「動作」を表す動詞**しか使えない。たとえば，Know me. とは言えない。know（知っている）は動作じゃないからだ。次は，否定の命令文を見てみよう。

(3) ***Don't touch*** the box. ドゥント・タッチ・ザ・バクス
 （その箱に触れてはいけません）
(4) ***Don't touch*** the box, *please*. ドゥント・タッチ・ザ・バクス・プリーズ
 （その箱に触れないでください）

い： 「〜してはいけない」と言いたいときは，文の最初に ***Don't*** ドゥントを置けばいい。「〜しないでください」とていねいに言うときは，please を最後にくっつける。簡

単だな。
ジ： その please は，最初に置いてもいいわけ？
い： もちろん。(4)は，Please don't touch the box. でもいい。最後に，次の形を見ておこう。

> (5) ***Be*** careful. ビー・ケアフォ
> 　（気をつけなさい）
> (6) ***Don't be*** noisy. ドウント・ビー・ノイズィ
> 　（さわがしくしてはいけません）

ジ： be ビーって，なに？
い： さっき出したばっかだろ！ be 動詞（is や are）の「原形」だ。careful ケアフォ は「注意深い」って意味で，「君は注意深い」なら，You are careful. と言う。「注意深くしなさい［＝気をつけなさい］」と命令するときは，<u>Are</u> careful. じゃなくて <u>Be</u> careful. と言う。
ジ： なんで Are careful. じゃダメなの？
い： 「～しなさい」と言うときは，動詞の原形で文を始めるのがルールだからだ。
ジ： 「動詞の原形」って？
い： さっきと同じ話をさせる気か！
ジ： いいじゃん，どうせワープロで原稿打ってるんだし。コピーするだけでしょ。
い： それもそうだな。
ジ： 納得するなよ！
い： 次，行こう。英語で言うと，Let's go ahead! レッツ・ゴウ・アヘッド。

ジ： なによ，いきなり。

い： こんな文は，見たことあるよな？

(7) **Let's play** tennis.　レッツ・プレイ・テニス
　　（テニスをしましょう）

ジ： Let's の「'」ってのは？

い： Let us レット・アスを縮めて Let's と言う。そんなのは知らなくてもよろしい。「**Let's ＝～しましょう**」と覚えとけばいい。ここまでの話を，例文でまとめてみよう。

- **Go.** （行きなさい）
- **Go, please.** （行ってください）
- **Don't go.** （行ってはいけません）
- **Don't go, please.** （行かないでください）
- **Let's go.** （行きましょう）

《Exercise》

【1】カッコ内に適当な語を入れなさい。
1. (　) (　). (ゆっくり話しなさい)
2. (　) down, (　). (座ってください)
3. (　) open the door. (ドアを開けてはいけません)
4. (　) stand up, (　). (立ち上がらないでください)
5. (　) careful. (気をつけなさい)
6. (　) (　) noisy. (うるさくしてはいけません)
7. (　) play tennis. (テニスをしましょう)

【2】与えられた語を適当に並べ替えなさい。
1. this, use, pen, . (このペンを使いなさい)
2. baseball, them, let's, with, play
   (彼らといっしょに野球をしよう)

【3】英語に直しなさい。
1. 自分の名前を書きなさい。
2. テレビを見てはいけません。

(答)【1】 1. Speak, slowly.　2. Sit, please.　3. Don't　4. Don't, please　5. Be　6. Don't, be　7. Let's　【2】1. Use this pen.　2. Let's play baseball with them.　【3】1. Write your name.　2. Don't watch television.

STEP 32　will と shall

ジ： will って，前回出てきたじゃん。またやるのー？
い： 前回の will は「〜だろう」の意味だったけど，今度のはちょっと意味が違う。

---
(1) I ***will*** [I'***ll***] *go* to the party.　アイ・ウィル・[アイル・]ゴウ・トゥ・ザ・パーティ
　（私はパーティーに行くつもりです）

　　この will は，「**〜するつもりだ**」の意味だ。will を縮めて書くと，「'll」になる。
ジ： さっきの will とは，どうやって区別するの？
い： おおざっぱに言えば，**I will** 〜とか **We will** 〜のときにはこの意味になる。上の文を「私はパーティーに行くでしょう」と訳したら，ヘンだろ。決めるのは自分なんだから。ついでに，次の言い方も知っておくといい。

---
(2) I'***m going to*** *buy* this book.　アイム・ゴウイング・トゥ・バイ・ズィス・ブック
　（私はこの本を買うつもりです）

　　つまり，I will = I'm going to だな。くだけた言い方だと，「アイム・ゴナ」みたいな発音になる。否定と疑問の形は，こうだ。
● I'*m not going to* buy this book.
　（私はこの本を買わないつもりです）
● *Are* you *going to* buy this book?
　（あなたはこの本を買うつもりですか）
ジ： じゃあ，(1)は I'm going to go to the party. でもいい

第4日　動詞の意味の広がり　　161

の？

い： いや，それだと go が2回続いてくどいから，I'm going to the party. と言う。

ジ： でも，am ～ing だと「～している」の意味になるんじゃない？

い： この場合はそうはならない。is [am, are] going to = will と覚えておけばいい。この will は，話し手の「意志」を表している。その意味から，次のような表現ができるわけだ。

> (3) "**Will you** *open* the window?" "All right."
> 「ウィル・ユー・オウプンヌ・ザ・ウィンドウ？」「オール・ライト」
> (「窓を開けてくれませんか」「いいですよ」)

Will you ～? は「～してくれませんか」と，相手にものを頼むときに使う言い方だ。please をつけると，もっとていねいになる。

● *Will you* **please** open the window?
● *Will you* open the window, **please**?

それから，will の代わりに **would** ウッド という単語を使えばさらにていねいな言い方になる。

● ***Would you*** open the window, please? ウッ・デュー・オウプンヌ・ザ・ウィンドウ・プリーズ？（窓を開けていただけますか）

ジ： Please open the window. って言えばいいじゃん。

い： もちろん，それでもいい。Will you ～? という質問の形にすると，「あなたは窓を開けてくれるお気持ちがありますか」というへりくだった言い方になる。「いいです

よ」に当たる言い方は，たくさんある。たとえば，
- **OK.** オウ・ケイ
- **Sure.** シュア
- **Certainly.** サートゥンリィ
- **No problem.** ノウ・プロブレム

い： 今度は，自分がなにかをするときの言い方だ。

> (4) "**Shall I** open the window?" "**Yes, please.**"
> 「シャル・アイ・オウプンヌ・ザ・ウィンドウ？」「イエス，プリーズ」
> (「窓を開けましょうか」「ええ，お願いします」)

い： 自分が「〜しましょうか」と相手に打診するときは，**shall** シャルという単語を使う。

ジ： 断るときは，どう言えばいいの？

い： **No, thank you.** ノウ・サン・キューまたは **No, thanks.** ノウ・サンクスがふつうだろうな。次は，ちょっと違う形だ。

> (5) "***Shall we*** go out?" "**Yes, let's.**"
> 「シャル・ウィ・ゴウ・アウト？」「イエス，レッツ」
> (「外出しましょうか」「ええ，そうしましょう」)

これは，自分と相手がいっしょに「〜しましょうか」というときに使う。だから答えるときは let's レッツを使ってるわけだ。「やめときましょう」なら，**No, let's not.** ノウ・レッツ・ナットと言えばいい。最後に，まとめておこう。

英語	日本語	答え方の例
Will you ～?	～してくれませんか	All right.
Shall I ～?	（私が）～しましょうか	Yes, please.
Shall we ～?	（私たちが）～しましょうか	Yes, let's.

《Exercise》

【1】カッコ内から正しい語を選びなさい。
 1. (Will, Shall) you come with me, please?
 2. (Will, Shall) I go with you?
 3. (Will, Shall) we have lunch?

【2】カッコ内に適当な語を入れなさい。
 1. "( ) ( ) please help me?" "Sure."
  (「私を手伝ってくれませんか」「いいですよ」)
 2. "( ) ( ) help you?" "Yes, ( )."
  (「お手伝いしましょうか」「ええ、お願いします」)
 3. "( ) ( ) take a walk?" "Yes, ( )."
  (「散歩に行きましょうか」「ええ、そうしましょう」)

(答)【1】1. Will 2. Shall 3. Shall 【2】1. Will, you 2. Shall, I, please 3. Shall, we, let's

〈天気・天体などに関する名詞〉

weather	天気 ウェザ	fire	火 ファイア
cloud	雲 クラウド	smoke	煙 スモウク
rain	雨 レインヌ	ash	灰 アッシュ
wind	風 ウィンド	steam	蒸気 スティーム
snow	雪 スノウ	bubble	泡 バブォ
frost	霜 フロスト	sound	音 サウンド
mist	霧 ミスト	air	空気 エア
thunder	雷 サンダ	sky	空 スカイ
storm	嵐 ストーム	star	星 スター
typhoon	台風 タイ**フ**ーンヌ	sun	太陽 サンヌ
rainbow	虹 レインボウ	moon	月 ムーンヌ
light	光 ライト	earth	地球 アース
shadow	影 シャドウ	space	宇宙 スペイス

STEP 33　can・must・may

い：　さっき出てきた will は,「助動詞」の一種だな。
ジ：　じょどうし, って何?　助ける動詞?
い：　逆だ, 逆。「動詞を助けるコトバ」ってこと。助動詞は, 動詞の直前に置いて, 動詞にいろんな意味をつけ加える働きをする。代表的な助動詞は, will, shall, can, must, may なんかだな。種類が多いから, ここでは can 以下の3つを取り上げよう。まず, can だ。

---

(1) I **can** *drive* a car.　アイ・キャンヌ・ドゥライヴ・ア・カー
　（私は車を運転することができます）
(2) I **can't** *speak* English.　アイ・キャント・スピーク・イングリッシュ
　（私は英語を話せません）
(3) "**Can** you *understand* this book?" "Yes, I **can**."
　「キャン・ニュー・アンダスタンド・ズィス・ブック?」「イエス・アイ・キャンヌ」
　（「この本を理解することができますか」「はい, できます」）

---

　　can は「～することができる」の意味だ。疑問文や否定文の作り方は will と同じだから, わかるよな?
ジ：　can't は can not ね。
い：　そう。でも, ふつうは can't または cannot と書く。実際の発音では, I can speak は「アイ・クン・スピーク」のように can を弱く読み, I can't speak は「アイ・キャント・スピーク」のように can't の部分を強く読むのがふつうだ。このとき, t の音が弱くなって「アイ・キャ

ンノ・スピーク」のように聞こえることが多い。

ジ： それじゃ，どっちがどっちかわかんないじゃんか。

い： 慣ればわかるようになる。英語じゃ，子音の音が聞こえないことはよく起きるんだ。たとえば〜ingの最後のgの音が脱落して，lovingなら「ラヴィン」みたいに聞こえることが多い。

ジ： ついでに，質問。この本の中で，たとえばlargeは「ラーヂ」って書いてあるじゃん。「ラージ」とは音が違うの？

い： そうだ。「ヂ」は「チ」が濁った音で，「ジ」は「シ」が濁った音だ。

ジ： さっぱりわかんねーよ！

い： きりがないから，次いこう。次は **must** マスト（〜しなければならない）だ。

---

(4) You ***must*** *do* your homework. ユー・マスト・ドゥ・ユア・ホウムワーク
 （君は宿題をしなければならない）

(5) You ***must not*** *go out*. ユー・マスト・ナット・ゴウ・アウト
 （君は外出してはならない）

では，ここで問題。「君は宿題を<u>しなければならない</u>」の反対の意味を表す日本語は，なんだと思う？

ジ： そりゃあ，「君は宿題をしてはならない」でしょ？

い： いいや。「君は宿題を<u>しなくてよい</u>」だ。

ジ： あ，そか。それは英語でなんて言うの？

い： 「〜しなければならない」を表すもうひとつの言い方として，**have to** ハフ・トゥがある。

第4日 動詞の意味の広がり 167

(6) I ***have to*** *do* my homework. アイ・ハフ・トゥ・ドゥ・マイ・ホウムワーク
（私は宿題をしなければならない）
(7) I ***don't have to*** *study* today. アイ・ドゥント・ハフ・トゥ・スタディ・トゥデイ
（私は今日は勉強しなくてよい）

ジ： これって，must ＝ have to ってこと？
い： まとめておこう。

● **must ［have to］＋動詞の原形＝〜しなければならない**
● **must not ＋動詞の原形＝〜してはならない**
● **don't have to ＋動詞の原形＝〜しなくてよい**

must not と don't have to はぜんぜん意味が違うから気をつけよう。ついでに言うと，must と have to はどっちも「〜しなければならない」と訳すけど，英語のニュアンスはだいぶ違う。must は「〜する義務がある」というかなりキツい意味を表すが，have to は「〜しなくっちゃ」という日常的な場面でよく使う。have to の方がふつうの言い方だと思っていいだろう。さらに，もうひとつ違いがある。

(8) I ***had to*** *do* my homework. アイ・ハッド・トゥ・ドゥ・マイ・ホウムワーク
（私は宿題をしなければならなかった）
(9) I ***didn't have to*** *study* yesterday. アイ・ディドント・ハフ・トゥ・スタディ・イエスタデイ
（私はきのうは勉強しなくてよかった）

こういうふうに「過去」を表すときは，have to を使うわけだ。

● **had to ＋動詞の原形＝〜しなければならなかった**
● **didn't have to ＋動詞の原形＝〜しなくてよかった**

ジ： must は使えないの？

い： 使えない。must には過去形がないからだ。もうひとつ助動詞を見ておこう。

⑽ ***May*** I *ask* a question? メイ・アイ・アスク・ア・クエスチョンヌ？
(ひとつ質問していいですか)

● **may〔can〕＋動詞の原形＝〜してもよい**

may は「〜してもよい」の意味で，can にもこの意味がある。

ジ： じゃあ，どっちを使ってもいいの？

い： そうだな。どっちかと言えば may はていねいな言い方で，can はくだけた言い方だ。参考までに言うと，may not は「〜してはいけない」の意味を表す。つまり，must not と同じだ。さて，ここからがややこしい。can・must・may は，それぞれ「可能性」を表すときにも使うんだ。

⑾ The news ***can't*** *be* true. ザ・ニューズ・キャント・ビー・トゥルー
(その知らせは本当のはずがない)

⑿ The news ***must*** *be* true. ザ・ニューズ・マスト・ビー・トゥルー
(その知らせは本当に違いない)

⒀ The news ***may*** *be* true. ザ・ニューズ・メイ・ビー・トゥルー
(その知らせは本当かもしれない)

can は「〜でありうる」の意味だが，ふつうは否定文

第4日 動詞の意味の広がり　169

(can't) の形で使う。表にまとめておこう。

	意味①	意味②
can	〜することができる 〜してもよい	—
can't	〜できない	〜のはずがない
must	〜しなければならない	〜に違いない
may	〜してもよい	〜かもしれない

ジ： ややこしー！ だいいち，どうやって意味を区別すればいいのよ？

い： 意味②は，だいたい「<u>助動詞＋be</u>」のときだ。たとえば，「must be 〜 ＝〜（である）に違いない」と覚えといてもいい。だからたとえば，You must go. は「君は行かねばならない」の意味であって，「君は行くに違いない」の意味にはならない。

《**Exercise**》

カッコ内に適当な語を入れなさい。

1. You (　) do the work.
   (君はその仕事をしなければならない)
2. (　) I sit down? (座っていいですか)
3. You (　) (　) laugh at them.
   (彼らを笑ってはならない)
4. He (　) to start now. (彼は今出発しなければならない)
5. That man (　) (　) a policeman.
   (あの男の人は警官に違いない)
6. She (　) (　) sick. (彼女は病気かもしれない)
7. The story (　) (　) true. (その話は本当のはずがない)
8. He (　) (　) see a doctor.
   (彼は医者にみてもらわねばならなかった)
9. I (　) (　) to go there.
   (私はそこへ行かなくてもよかった)

(答) 1. must 2. May [Can] 3. must, not 4. has 5. must, be
6. may, be 7. can't [cannot], be 8. had, to 9. didn't, have

STEP 34　want to ～（～したい）

い： 「不定詞」って，聞いたことあるか？
ジ： あっ，あっ，やめて！　そういうの，聞きたくない。
い： 英語の文法の中でも不定詞はかなり大切なんだが，説明がたいへんなのでこの本では取り上げない。
ジ： な～んだ。
い： でも，ちょっとだけ。文法用語は無視して，次の形だけ見ておこう。

---

(1) I **want to** *buy* a new car.　アイ・ウォント・トゥ・バイ・ア・ニュー・カー
（私は新しい車を買いたい）
(2) I'**d like to** *visit* Kyoto.　アイド・ライク・トゥ・ヴィズィット・キョウト
（私は京都を訪問したい）

これらは，一種の助動詞みたいなものと考えていい。つまり，

● **want to ＋動詞の原形＝～したい**
● **would like to ＋動詞の原形＝～したい**

(2)の I'd は，I would を縮めた形だ。このくらいなら，簡単だろ？

ジ： これだけならね。
い： 参考までに言うと，I want to ～は話し言葉では「アイ・ワナ［ウォナ］」と発音することが多い。念のために，否定と疑問の形も見ておこう。

● I *don't want to buy* this car.（私はこの車を買いたくない）

● *Do* you *want to buy* this car?(君はこの車を買いたいかい)

動詞の後ろに「to＋動詞の原形」を置く形は，英語ではごく一般的だ。中学レベルの表現だけ，もう少し追加しとこう。

---
(3) I ***tried to*** *solve* the problem. アイ・トゥライド・トゥ・ソォヴ・ザ・プラブレム
   (私はその問題を解こうとした)
(4) He ***began to*** *study* hard. ヒー・ビギャンヌ・トゥ・スタディ・ハード
   (彼は熱心に勉強し始めた)

これに似た形はいっぱいあるけど，とりあえずここまでにしとこう。

● **try to** ＋動詞の原形＝〜しようとする
● **begin to** ＋動詞の原形＝〜し始める

《**Exercise**》

【1】カッコ内に適当な語を入れなさい。
1. I want ( ) help you.（私は君の手伝いをしたい）
2. I would like ( ) ( ) with you.
   （私は君といっしょに行きたい）
3. He tried ( ) ( ) fast.（彼は速く走ろうとした）
4. He began ( ) ( ) English.
   （彼は英語の勉強を始めた）

【2】英語に直しなさい。
1. その赤ん坊は泣き出した。
2. 私はその映画を見たかった。
3. 私は昼食を食べたくない。
4. 彼らはそのカギを見つけようとしていた。

（答）【1】1. to 2. to, go 3. to, run 4. to, study 【2】1. The baby began to cry. 2. I wanted to see the movie. 3. I don't want to eat [have] lunch. 4. They were trying to find the key.

〈仕事・会社に関する名詞〉

work	仕事 ワーク	boss	上司 ボス
job	仕事, 職業 ヂャブ	chief	長 チーフ
part-time job	アルバイト パートタイム・ヂャブ	secretary	秘書 **セ**クレタリィ
business	商売 ビズィネス	expert	専門家 **エ**クスパート
company	会社 カムパニィ	professional	専門職 プロフェッショナォ
office	職場 アフィス	meeting	会合 ミーティング
president	社長 プレズィデント	negotiation	交渉 ニゴウシ**エ**イションヌ
manager	経営者 **マ**ニヂャ	salary	給料 サラリィ
executive	幹部 エグ**ゼ**キュティヴ	bonus	ボーナス ボウナス

第4日 動詞の意味の広がり 175

STEP 35　it の特殊な使い方

い： ここでちょっと話題を変えて，it の使い方を補足しよう。it はふつう「それ」の意味で，前に出てきた名詞を受けるときに使う。

● That's my cat. **It's** very cute.
　ザッツ・マイ・キャット。イッツ・ヴェリィ・キュート
　（あれは私のネコです。それはとてもかわいいです）

でも，ちょっと違う使い方の it がある。

---
(1) **It's** eight thirty now. イッツ・エイト・サーティ・ナウ
　　（今8時半です）
(2) **It's** hot today. イッツ・ハット・トゥデイ
　　（今日は暑い）

ジ： これ，it を訳してないじゃん。
い： (1)の場合で言うと，「8時半です」の主語はなんだ？
ジ： 「今」じゃないの？
い： でも，「今」を省略して単に「8時半です」とも言えるだろ？　つまり，(1)には意味の上で明らかな主語がない。そういうときに，文の体裁を整えるために it を使うわけだ。
ジ： べつに，なくたっていいじゃん，主語なんて。
い： そうはいかない。英語の文というのは，命令文とかの特殊な例を除いては，必ず Ⓢ（主語）と Ⓥ（動詞）が必要なんだ。次のように覚えておこう。

> ●時・天候・距離・状況などを表す文は，it を主語にすることがある。この it は「それ」とは訳さない。

いくつか例を出してみよう。

(3) **It's** far from here to the station. *イッツ・ファー・フロム・ヒア・トゥ・ザ・ステイションヌ*
 (ここから駅までは遠い)
(4) **It** rained this morning. *イット・レインド・ズィス・モーニング*
 (けさ雨が降った)

(3)は距離，(4)は天候を表す例だ。日本語で考えても，「遠い」の主語はなにか？と問われても困るだろ？　そういうときに，「とりあえず⑤として it でも置いとこうかな」となる。

ジ：「今日は暑い」は Today is hot. って言えばいいじゃん。
い：そういう言い方もできる。その場合は「今日は（ほかの日に比べて）暑い日だ」という感じ。「今日は暑いねー」とばくぜんと言いたいときは，It's hot today. でいい。(4)の rain は，「雨が降る」という意味の動詞だな。

(a) It's raining.（雨が降っている）
(b) It's rainy.（雨降りだ）

(a)は It rains. を「～している (is ＋～ing)」の形にしたものだ。(b)は rainy・(雨降りの) という形容詞を使った言い方。a rainy day（雨降りの日）のようにも使える。同じように，「雪が降っている」は It's snowing. または It's snowy. *イッツ・スノウウィ*と言う。

第4日　動詞の意味の広がり

〈仕事・会社に関する便利な表現〉

run a shop	店を経営する	ラン・ナ・シャップ
work for a company	会社に勤める	ワーク・フォー・ラ・カムパニィ
apply for a compnay	会社に応募する	アプライ・フォー・ラ・カムパニィ
employ [hire]	雇う	エムプロイ [ハイア]
dismiss [fire]	解雇する	ディスミス [ファイア]
resign	辞職する	リザインヌ
retire	(定年) 退職する	リタイア
work part-time	アルバイトをする	ワーク・パートタイム
work full-time	常勤[正社員]として働く	ワーク・フルタイム
work overtime	残業する	ワーク・オウヴァタイム
take sick leave	病気休暇を取る	テイク・スィック・リーヴ
take two days off	2日の休みを取る	テイク・トゥ・デイズ・オフ

第5日

数量の表現といろいろな質問

STEP 36　some・any・no

いかりや先生、以下"い"：数や量を表す言葉のうちで、ばくぜんと「たくさん」とか「少し」とかいう意味を表す言葉がたくさんある。まず、some サムと any エニィの使い分けを見てみよう。

---
(1) I have **some** textbooks.　アイ・ハヴ・サム・テクストブックス
　　（私は何冊かの教科書を持っている）
(2) I do**n't** have **any** textbooks.　アイ・ドゥント・ハヴ・エニィ・テクストブックス
　　= I have **no** textbooks.　アイ・ハヴ・ノウ・テクストブックス
　　（私は１冊も教科書を持っていない）
(3) Do you have **any** textbooks?　ドゥ・ユー・ハヴ・エニィ・テクストブックス？
　　（あなたは何冊か教科書を持っていますか）

要するに、こういうことだ。

文の種類	使う語	意味
肯定文	**some**	いくつかの～
否定文	not + **any** = **no**	ひとつも～ない
疑問文	**any**	いくつかの～

ジャリ子、以下"ジ"：「肯定文」って、なに？
い：「～です［～する］」のような意味を表す、ふつうの文のこと。「～ではない」の意味を表すのが否定文で、「～ですか」が疑問文。some や any のあとに「数えられる名詞」を置くときは、複数形にする（s をつける）点に

気をつけよう。

ジ： 文法の説明ややこしすぎ！　「数えられる名詞」って，なによ？

い： たとえば教科書（textbook）は1冊，2冊と数えられるから，「何冊かの教科書」は some textbooks と言う。

ジ： じゃあ，「数えられない名詞」っていうのは？

い： たとえば，water（水）だ。「ひとつの水」「2つの水」とは言えないだろう？　だから，water は複数形（waters）にはできないし，one water とも言えない。

ジ： でも「1杯の水」とは言うじゃん。

い： それは水の入れ物（たとえばコップ）を数えているんであって，水そのものをカウントしているわけじゃない。money（お金）もそうだ。例を出してみよう。

(4) I have **some** money. アイ・ハヴ・サム・マニィ
（私はいくらかのお金を持っています）
(5) I do**n't** have **any** money. アイ・ドゥント・ハヴ・エニィ・マニィ
= I have **no** money. アイ・ハヴ・ノウ・マニィ
（私は少しもお金を持っていません）
(6) Do you have **any** money? ドゥ・ユー・ハヴ・エニィ・マニィ？
（あなたはいくらかお金を持っていますか）

まとめると，こうだな。数えられないから「いくつかのお金」じゃなくて「いくらかのお金」という意味になる。

文の種類	使う語	意味
肯定文	**some**	いくらかの〜
否定文	not + **any** = **no**	少しも〜ない
疑問文	**any**	いくらかの〜

ジ： money って,数えられないの？ お金は数えられるじゃん。

い： お札や硬貨は数えられるけど,money は抽象的な意味の「お金」だから,one money, two moneys のようには言えない。「数えられない名詞」は,一定の形を持たないものや,抽象的な意味を表すものだ。たとえば,

・**water**（水）　　　・**milk**（牛乳）
・**sugar**（砂糖）　　・**bread**（パン）
・**paper**（紙）　　　・**money**（お金）

ジ： じゃあ,「1杯の水」は英語でなんて言うの？

い： a glass of water ア・グラス・オヴ・ウォーター だ。「2杯の水」なら,two glasses of water トゥ・グラスィズ・オヴ・ウォーター。水じゃなくて,コップの方を数えてるのがわかるだろ？

ジ： 喫茶店とかで「お水ください」って注文するときは,いちいち「a glass of water をください」って言わないとダメなの？

い： その場合は,Water, please. ウォーター・プリーズ でかまわない。数を意識するときだけ,a glass of water みたいな表現を使うんだ。似たような言い方をまとめておこう。

a **glass** of milk	1杯のミルク ア・グラス・オヴ・ミゥク
a **cup** of coffee	1杯のコーヒー ア・カップ・オヴ・カフィ
a **piece** of cake	1切れのケーキ ア・ピース・オヴ・ケイク
a **slice** of bread	1枚のパン ア・スライス・オヴ・ブレッド
a **sheet** of paper	1枚の紙 ア・シート・オヴ・ペイパ
a **lump** of sugar	1個の角砂糖 ア・ラムプ・オヴ・シュガー

ジ： これ，いちいち全部覚えるわけ？

い： 基本的には，冷たい飲み物は **glass**，熱い飲み物は **cup** で数える。カタマリを小さく切り分けるようなものは，**piece** を使えばだいたいＯＫだ。パンでも紙でも a piece of ～ が使える。参考までに言うと，たとえば coffee は本来複数形にはできない名詞だけど，喫茶店で「コーヒーを2杯ください」と言うときは，*Two cups of coffee,* please. と言う代わりに *Two coffees,* please. と言ってもかまわない。ただし，「2枚の紙」は two papers とは言わない。それだと，「2部の新聞 (newspaper)」に誤解されちゃうから。

ジ： 結局，そういうコトをいちいち全部覚えなきゃいけないわけね。

い： それは，しょうがない。日本語の名詞には「複数形」というものがないから，単数・複数の区別を間違えやすいわけだ。初心者はたとえば「私の靴は古い」を，ついつい My shoes is old. みたいに間違えて英訳しちゃう。

ジ： それ，どこがダメなの？

い： shoes シューズは shoe の複数形だから，is じゃなくて are が正しい。

ジ： are，そっか。

い： それはもういいってばよ。ちなみに shoes や glasses （めがね）みたいに「2つを1組で使うモノ」を数えるときは，*a pair of* shoes （1足の靴）のように，**a pair of** ァ・ペア・ロヴという形を使うんだ。

《Exercise》
【1】カッコ内から適当な語を選びなさい。
  1. I have （some, any） pens.
  2. I don't have （some, any） pens.
  3. I have （any, no） pens.
【2】カッコ内に適当な語を入れなさい。
  1. （　　） very cold today.（今日はとても寒い）
  2. （　　）（　　） far from here to the bus stop?
     （ここからバス停までは遠いですか）
  3. It （　　）（　　） last night.
     （ゆうべは雨が降っていた）
  4. He has （　　） friends.（彼は何人かの友達を持っている）
  5. He doesn't have （　　） friends.
     （彼は友達を1人も持っていない）
  6. She has （　　） sisters.（彼女には姉妹が1人もいない）
  7. Does she have （　　） sisters?
     （彼女には姉妹が何人かいますか）
  8. I drank a （　　） of water.（私は水を1杯飲んだ）

9. She drank two (　) of tea.（彼女はお茶を2杯飲んだ）
10. I bought two (　) of glasses.
 （私はめがねを2つ買った）

【3】数えられる名詞には○を，数えられない名詞には×をつけなさい。

1. animal（動物）　2. water（水）　3. letter（手紙）
4. paper（紙）　5. money（お金）　6. movie（映画）
7. pen（ペン）　8. ink（インク）　9. salt（塩）

【4】誤りを直しなさい。

1. He has some pen.（彼は何本かのペンを持っている）
2. I want some waters.（私はいくらかの水がほしい）
3. I don't want no water.（私は水は少しもほしくない）
4. I drank two cup of coffees.（私はコーヒーを2杯飲んだ）
5. He bought a shoes.（彼は靴を1足買った）

(答)【1】1. some　2. any　3. no　【2】1. It's　2. Is, it　3. was, raining　4. some　5. any　6. no　7. any　8. glass　9. cups　10. pairs　【3】1. ○　2. ×　3. ○　4. ×　5. ×　6. ○　7. ○　8. ×　9. ×　【4】1. pen ⇒ pens　2. waters ⇒ water　3. no ⇒ any　4. two cup of coffees ⇒ two cups of coffee　5. a shoes ⇒ a pair of shoes

第5日　数量の表現といろいろな質問

STEP 37　many・much

い：英語では，名詞が「数えられるかどうか」によって，使う言葉が違うことがある。たとえば，「たくさん」に当たる言葉がそうだ。

> (1) I have **many** books.　アイ・ハヴ・メニィ・ブックス
> （私はたくさんの本を持っています）
> (2) Does he have **much** money?　ダズ・ヒー・ハブ・マッチ・マニィ？
> （彼はたくさんのお金を持っていますか）

こんなふうに，数えられる名詞（book）のときは many を，数えられない名詞（money）のときは much を使う。

ジ：じゃ，「たくさん」の反対の「少し」は，なんて言うの？

い：これも，単語の使い分けがある。

> (3) I have **a few** books.　アイ・ハヴ・ア・フュー・ブックス
> （私は少しの本を持っています）
> (4) He has **a little** money.　ヒー・ハズ・ア・リトォ・マニィ
> （彼は少しのお金を持っています）

ジ：(3)は，ヘンじゃん。books なのに，なんで a がついてるのよ。a books とは言わないでしょ？

い：a few がひとまとまりで「少し」の意味になるんだ。ついでに言うと，a がなかったら「ほとんどない」の意味になる。

(5) **I have *few* books.** アイ・ハヴ・フュー・ブックス
　（私はほとんど本を持っていません）
(6) **He has *little* money.** ヒー・ハズ・リトォ・マニィ
　（彼はほとんどお金を持っていません）

ジ： ややこしー！
い： まとめておこう。

	＋数えられる名詞	＋数えられない名詞
たくさんの〜	**many**	**much**
少しの（〜がある）	**a few**	**a little**
ほとんど（〜ない）	**few**	**little**

ジ： まとめても，カンタンになってないよ。
い： じゃ，ひとついいことを教えてやろう。「たくさんの」を表す別の言葉に，**a lot of** ア・ラット・オヴ（**lots of** ラッツ・オッとも言う）がある。これは，どんな名詞にも使えるんだ。「たくさんの本」なら a lot of books で，「たくさんのお金」なら a lot of money だな。特に，much は肯定文ではふつう使わないから，「彼はたくさんのお金を持っている」は He has much money. よりも He has a lot of money. と言う方が自然だ。ちなみにこの文の実際の発音は，「ヒー・ハズ・<u>アララ</u>・マニ」みたいに聞こえる。
ジ： そんなんがあるんなら，最初からそれ教えてくれればいいのに。

第5日　数量の表現といろいろな質問

い： そうはいかん。それは，電卓があるから九九を覚えなくていい，というのといっしょだ。

ジ： ぜんぜん関係ねーよ！

い： many も much もごく基本的な語だ。little については，次のような使い方にも注意しよう。「少し」の意味だ。

> (7) I *speak* English ***a little***. アイ・スピーク・イングリッシュ・ア・リトォ
> 　　（私は英語を少し話します）
> (8) I'm ***a little*** hungry. アイム・ア・リトォ・ハングリィ
> 　　（私は少し空腹です）

ジ： さっきの(4)とは，どう違うの？

い： (4)は「a little ＋名詞」の形で「少しの（量の）〇〇」という意味を表す。一方，(7)や(8)の a little のあとには名詞がない。こういうときは，「少し〜する［〜だ］」と訳せばいい。

《**Exercise**》

【1】カッコ内から適当な語を選びなさい。

1. (many, much) boys（大勢の男の子たち）
2. (many, much) water（たくさんの水）
3. (a few, a little) books（少しの本）
4. (a few, a little) time（少しの時間）

【2】カッコ内に，few, a few, little, a little のどれかを入れなさい。

1. I have (　) friends.（私は友達を少し持っている）
2. I have (　) friends.（私は友達をほとんど持っていない）
3. He has (　) money.（彼はお金を少し持っている）
4. He has (　) money.（彼はお金をほとんど持っていない）

(答)【1】1. many　2. much　3. a few　4. a little　【2】1. a few　2. few　3. a little　4. little

第5日　数量の表現といろいろな質問

STEP 38　all・every・one of ～

い： 次は「すべて」を表す言い方だ。all オールと every エヴリィ という2つの語があって，それぞれ使い方が違う。

---
(1) ***All** the windows* are open. オール・ザ・ウィンドウズ・アー・オウプンヌ
　　（すべての窓が開いている）
(2) ***Every** window* is open. エヴリィ・ウィンドウ・イズ・オウプンヌ
　　（すべての窓が開いている）

どこが違うか，わかるかな？
ジ： 単語が違う。
い： あのほか！ all と every のあとを見ろ！
ジ： all のあとには the があって，every のあとにはなんにもない。
い： そうだ。でも，all の後ろに常に the がつくとは限らない。たとえば「世の中のすべての男の子」なら all boys でいい。でも，「特定の男の子たちの全員」を表すときは all the boys と言う。
ジ： じゃあ，(2)は the がないから，「世の中の全部の窓が開いている」っていう意味になるの？
い： んなわけあるか。every を使うときは，どんな場合でも the は必要ないんだ。とにかく，all と the を両方使うときは，all the ～ の語順になることに気をつけよう。my や his など「だれだれの」を表す言葉も，all のあとに置く。

● *All my friends* are kind.（私の友人はみんな親切だ）

ところで，(1)と(2)には，もうひとつ違いがあるだろ？
ジ：(1)は windows だけど，(2)は window になってる。
い：そうだ。every の後ろには，単数の名詞を置く。
ジ：でも，「すべて」って言ったら複数じゃないの？
い：意味の上ではそうだが，形は単数にすることに決まっている。だから，動詞も(2)では is になってるだろ？
ジ：オッケー。all は複数で，every は単数ね。
い：ついでに言うと，every は everybody（みんな）のように，合成語を作ることができる。似た形をまとめておこう。

	-body	-thing
some +	**somebody** サムバディ（だれか）	**something** サムスィング（なにか）
any +	**anybody** エニバディ（だれか）	**anything** エニィスィング（なにか）
no +	**nobody** ノウバディ（だれも～ない）	**nothing** ナッスィング（なにも～ない）
every +	**everybody** エヴリィバディ（だれでも）	**everything** エヴリィスィング（全部）

い：-body の代わりに，-one ワンを使ってもいい。たとえば，somebody = someone サムワンだ。thing は「物」という意味だな。これらも全部，単数扱いになる。
　●*Everybody* knows the news.
　（だれでもそのニュースを知っている）
　次の言い方も，よく使うから覚えておこう。

(3) ***One of*** *my uncles* **is** *a doctor.* ワン・ノヴ・マイ・アンクォズ・イズ・ア・ダクタ
　　（私のおじさんのうちの1人は，医者です）

(4) I know ***some of** the boys.* アイ・ノウ・サム・オヴ・ザ・ボイズ
（私はその男の子たちのうちの何人かを知っています）

　　of は「～のうちで」っていう意味だ。わかるな？
ジ： さっき，some books（何冊かの本）とか出てきたじゃん。(2)は，I know some boys. じゃダメなの？
い： その文は英語としては正しいが，意味がぜんぜん違う。I know some boys. だと「私は何人かの男の子たちを知っている」つまり「男の子の知り合いが何人かいる」の意味になる。(4)は，「特定の男の子たちの中で何人かを知っている」という意味だ。では，ここで問題。「私はその<u>男の子たちのうちのだれも知らない</u>」を，英語で言ってみよう。I don't know (　) of the boys. のカッコの中にはなにが入る？
ジ： some かな？
い： 違う。some は否定文では使わない。
ジ： あ，そか。じゃあ，any？
い： 正解。I don't know any of the boys. だ。

〈日常生活に関するその他の名詞〉

pet	ペット ペット	package	包み パキッヂ
calender	カレンダー **カ**レンダ	garbage	ごみ ガービッヂ
rope	ロープ ロウプ	cleaner	掃除機 クリーナ
string	ひも ストゥリング	fan	扇風機 ファンヌ
chain	鎖 チェインヌ	stick	棒 スティック
board	板 ボード	cloth	布 クロス

air-conditioner	エアコン エア・コンディショナ
washing machine	洗濯機 ウァッシング・マシーンヌ
sewing machine	ミシン ソーイング・マシーンヌ
desk lamp	電気スタンド デスク・ランプ

Nice to meet you!

《**Exercise**》

【1】「すべての店が開いている」に当たる英語として正しいものを，下からあるだけ選びなさい。

① All shop is open.　　② Every shop is open.
③ Every shops are open.　　④ All the shops are open.
⑤ The every shop is open.　　⑥ The all shops are open.

【2】カッコ内に適語を入れなさい。

1. He knows (　　). (彼はなにかを知っている)
2. He doesn't know (　　). (彼はなにも知らない)
3. He knows (　　). (彼はなんでも知っている)
4. (　　) came here. (だれかがここへ来た)
5. Did (　　) come here? (だれかがここへ来ましたか)
6. (　　) came here. (だれもここへは来ませんでした)

【3】英語に直しなさい。

1. 彼の兄弟はみんな背が高い。
2. 父の友人の1人は，警官です。

(答)【1】②, ④ 【2】1. something　2. anything　3. everything　4. Somebody　5. anybody　6. Nobody 【3】1. All his brothers are tall.　2. One of my father's friends is a policeman [police officer].

STEP 39　つなぎの言葉

い： 次は,文と文をつなぐ働きをする言葉だ。文法用語で言うと「接続詞」だな。

> (1) I like *English* **and** *history*.　アイ・ライク・イングリッシュ・アンド・ヒストゥリィ
> （私は英語と歴史が好きです）
> (2) Is she *a doctor* **or** *a nurse*?　イズ・シー・ア・ダクタ・オア・ラ・ナース
> （彼女は医者ですか,それとも看護師ですか）

　接続詞は,単語や語句同士を結びつける働きをする。
- **A and B ＝ A と B**
- **A or B ＝ A あるいは B**

　3つ以上のときは,A, B, and [or] C のように言う。たとえば「英語と歴史と数学」なら,English, history, and math だな。では,例題。「私はビールかワインを飲みたい」を英語で言ってみよう。

ジ： 「飲みたい」はなんて言うの?

い： 「～したい」は,前に出てきた。「want to ＋動詞の原形」だ。

ジ： あ,そうか。じゃあ…I want to drink beer and wine. かな。

い： それだと,両方飲みたいことになる。どっちか一方なら,I want to drink beer or wine. と言うのが正しい。接続詞をあと2つ,見ておこう。

第5日　数量の表現といろいろな質問

(3) He *did his best,* **but** *he failed.*
ヒー・ディッド・ヒズ・ベスト・バット・ヒー・フェイルド

(彼は最善を尽くしたが、失敗した)

(4) *I was sick,* **so** *I didn't go to the party.*
アイ・ウォズ・スィック・ソウ・アイ・ディドント・ゴウ・トゥ・ザ・パーティ

(私は病気だった、だからパーティーへは行かなかった)

- **but** ＝しかし
- **so** ＝だから

これらは、2つの文を結びつけると考えよう。and にもこういう使い方があって、その場合は「そして」と訳せばいい。

- *He studied hard ,* **and** *he passed the exam .*

  (彼は熱心に勉強し、そして試験に受かった)

《Exercise》

【1】カッコ内に適当な語を入れなさい。

1. I bought some apples ( ) oranges.
   (私はリンゴとオレンジをいくつか買った)
2. Is he a teacher ( ) a student?
   (彼は先生ですか,それとも生徒ですか)
3. He studied hard, ( ) he failed the exam.
   (彼は一生懸命に勉強したけれど,試験に落ちた)
4. He studied hard, ( ) he passed the exam.
   (彼は一生懸命に勉強したので,試験に受かった)

【2】英語に直しなさい。
1. ミキとマイはよい友達です。
2. 私はその問題を解こうとしたけれど,失敗した。
3. エミはかぜをひいたので,学校へ行かなかった。

(答)【1】1. and 2. or 3. but 4. so 【2】1. Miki and Mai are good friends. 2. I tried to solve the problem, but I failed. 3. Emi caught cold, so she didn't go to school.

STEP 40　形容詞＋前置詞

い： ちょっと息抜きに，熟語のまとめをやっとこう。
ジ： 息抜きじゃないって。
い： ここで取り上げるのは，「形容詞＋前置詞」のパターンだ。

> (1) Kenji *is **good at*** tennis. ケンジ・イズ・グッド・アット・テニス
> （ケンジはテニスが得意だ）

英和辞典ではふつう，こんなふうに書いてある。

● be good at ～＝～が得意だ

ジ： be って，なに？
い： STEP30（p.154）で出てきた「be動詞」，つまり，is とか are とかのことだ。good は形容詞だから，This is good. みたいに be 動詞といっしょに使うだろ？　このタイプの「形容詞＋前置詞」の形の熟語はたくさんあるんだ。いくつか挙げてみよう。

be absent from ～	～に欠席する　ビー・アブセント・フロム
be afraid of ～	～をこわがる　ビー・アフレイド・オヴ
be different from ～	～と異なる　ビー・ディファレント・フロム
be famous for ～	～で有名だ　ビー・フェイマス・フォー
be fond of ～	～が好きだ　ビー・ファンド・オヴ
be full of ～	～でいっぱいだ　ビー・フル・オヴ
be late for ～	～に遅れる　ビー・レイト・フォー
be proud of ～	～を誇りに思っている　ビー・プラウド・オヴ

| be ready for ～ | ～の準備ができている ビー・レディ・フォー |
| be sure of ～ | ～を確信している ビー・シュア・オヴ |

い： **be late for** の反対は，**be in time for**（～に間に合う）と言う。まとめて覚えとこう。ついでに，**on time**（時間どおりに）ってのもあるから注意。

● I *was in time for* the game. アイ・ウォズ・インヌ・タイム・フォー・ザ・ゲイム

（私は試合に間に合った）

● The bus arrived *on time*. ザ・バス・アライヴド・オンヌ・タイム

（バスは時間どおりに着いた）

ジ： あの～…話が脱線するんですけどぉ。

い： なんだ？

ジ： I was late for school. って言う場合，school の前には the とか a とかはつかないの？ 「学校」っつたら，数えられるでしょ？

い： a・an・the の3つを，英語では「冠詞(かんし)」と言う。冠詞の使い方はヒジョーに複雑なので，それだけで1冊の本がオレには書けない。

ジ： なにが言いたいんだよ。

い： とにかく，ここでは基本的なことだけ押さえておこう。

　(a) ***A** man* lived in ***a** town*.

　　（ある男がある町に住んでいた）

　(b) ***The** man* lived in ***a** town*.

　　（その男はある町に住んでいた）

(c) ***A*** man lived in ***the*** town.
　（ある男がその町に住んでいた）

(d) ***The*** man lived in ***the*** town.
　（その男はその町に住んでいた）

この4つの例で言うと，(b)(d)は「特定の男」について，(a)(c)は「特定の町」について書かれている。(a)は，物語の冒頭にしか出てこないような不自然な文だけどな。どっちにしても，man や town のような**「数えられる名詞」の単数形は，冠詞抜きでは使えない**。ここまではいいか？

ジ：うん，まあ了解。

い：しかし，例外的に冠詞をつけない場合がある。今までに出てきたものの中には，たとえばこんなのがある。

- **go to school** ＝学校へ行く
- **go to bed** ＝寝る
- **watch television** ＝テレビを見る
- **eat〔have〕breakfast** ＝朝食を食べる

ジ：たとえば，watch the television って言ったら間違いになるの？

い：それだと「テレビ受像機を見つめる」っていう意味になって，番組を見る意味にはならない。つまり，watch television の television は，機械としてのテレビじゃなくてその中身（番組）を指す抽象的な名詞だから，冠詞がつかないのだよ，キミ。まあ，こんなのは大した問題じゃない。もうちょっと実用的な話をしよう。a と the のどっちを使ったらいいかよくわかんないとき，な

んでもかんでも the をつけたがる人がいる。次のような場合には相手に誤解されるおそれがあるので、気をつけよう。

> **（問題）「私はネコが好きです」を英語に直しなさい。**

ジ： 簡単じゃん。I like cat. でしょ？

い： どあほー！「数えられる名詞には冠詞をつける」って言ったばっかだろ！

ジ： そっか。じゃあ、I like the cat. かな。

い： それだと、特定のネコが好きなことになる。「私はネコ好きです」という意味にしたいんだから、the は使えない。

ジ： じゃあ、I like a cat. かな？

い： それも不自然。「私はある（1匹の）ネコが好きです」の意味になっちまう。

ジ： じゃあ、どうしろってのよ！

い： 正解は、<u>I like **cats.**</u> だ。「A＋動詞＋B」の形で、Bの位置に「一般的な○○」という名詞を置くときは、<u>冠詞をつけずに複数形にする</u>のが原則だ。この形で、「私はネコ（というもの）が好きです」の意味になる。

ジ： じゃあ、「私は牛乳が好きです」だったら？ milk は数えられないから、milks とは言えないでしょ？

い： その場合は、I like milk. でいい。the をつけちゃいけない、ってのが大切なことだ。

《Exercise》

【1】カッコ内に適当な語を入れなさい。
1. I'm afraid (　) snakes.（私はヘビがこわい）
2. He is proud (　) his son.
   （彼は息子を自慢に思っている）
3. This town is famous (　) a beautiful park.
   （この町は美しい公園で有名です）
4. The bus is full (　) students.
   （バスは学生でいっぱいだ）
5. This dictionary is different (　) my dictionary.
   （この辞書は，私の辞書とは違う）
6. Are you ready (　) the test?
   （テストの準備はできていますか）
7. We were (　) time (　) the concert.
   （私たちはコンサートに間に合った）
8. The train left (　) time.（列車は時間どおりに出発した）

【2】[　]内の語を適当に並べ替えなさい。
1. Don't [school, late, be, for].
   （学校に遅れてはいけません）
2. Takao [absent, yesterday, from, was, school].
   （タカオはきのう学校を休んだ）
3. My brother [at, math, not, good, is, very].
   （兄は数学があまり得意ではありません）

(答)【1】1. of 2. of 3. for 4. of 5. from 6. for 7. in, for 8. on 【2】1. be late for school 2. was absent from school yesterday 3. is not very good at math

STEP 41　～ing（～すること）

い： ところで，さっきのやつだけど。
ジ： なによ，いきなり。
い： 「彼は野球が得意です」を英語で言ってみよう。
ジ： さっきやったばっかだから，わかるもんね。He is good at baseball. でしょ？
い： 正解。では，「彼は英語を話すのが得意です」ならどうだ？
ジ： えーと…He is good at English. かな？
い： それだと，「話す」が抜けてるぞ。
ジ： ああ，そっか。じゃあ…He speaks good … って，なんかヘンだな。
い： 正解は，こうだ。

> (1) He is good at ***speaking*** English.
> ヒー・イズ・グッド・アット・スピーキング・イングリッシュ
> （彼は英語を話すのが得意だ）

ジ： speaking だと「話している」じゃんか。
い： 違〜う！　違うったら違う！
ジ： 興奮すんなよ，オヤジ。
い： is speaking みたいに「be 動詞＋～ing」の形のときは「～している」っていう意味になる。でも，単に～ing のときは意味が違うんだ。

● ～ing ＝ ～すること

たとえば，run（走る）⇒ *running*（走ること）みたいに。この〜ing のついた形を「動名詞」と言う。

ジ： 動く名詞？

い： ぜんぜん違う。「動詞が名詞になったもの」ってことだ。日本語でも「ランニング」って言えば名詞だろ？

ジ： そうなの？ ランニングは物じゃないけど。

い： 「ランニングは私の趣味です」みたいに，文の主語になれるだろ？ 主語になれるのは名詞だ。

ジ： 頭痛くなるから，その話はやめよ。

い： 動名詞の例を，もうちょっと出してみよう。

> (2) ***Eating*** vegetables is good.　イーティング・ヴェヂタブォズ・イズ・グッド
> **(野菜を食べるのはいいことだ)**
> (3) We love ***swimming*** in this river.
> 　　ウィ・ラヴ・スウィミング・インヌ・ズィス・リヴァ
> **(私たちはこの川で泳ぐのが大好きです)**

ジ： (2)は，vegetables って複数形になってるから，is じゃなくて are を使うんじゃないの？

い： 意味を考えてみろ。「よい」のは「野菜」じゃなくて「野菜を食べること」だろ？ つまり，[Eating vegetables] is good. で，アンダーラインの部分が Ⓢ（主語）になってるわけだ。「野菜を食べること」は複数とは言えないから，is を使えばいい。(3)の場合も，We love [swimming in this river]. のようにまとめて考えると，「私たちは『この川で泳ぐこと』が大好きです」という意味になるだろ？

ジ： そうすると，さっきの He is good at *speaking English*. の場合は…

い： 「彼は『英語を話す<u>こと</u>』が得意だ」になる。納得したか？

ジ： うん，まあ…だいたい。

い： ついでに，もうひとつ言っとこう。英語では次のような言い方もするんだ。

---

(4) He is *a good **speaker*** of English.
ヒー・イズ・ア・グッド・スピーカ・ロヴ・イングリッシュ
(彼は上手に英語を話す)

(5) She is *a good **singer***. シー・イズ・ア・グッド・スィンガ
(彼女は歌が上手だ)

動詞の後ろに -er をつけると，「～する人」という意味になる。speaker は「話す人」, singer は「歌う人」だ。ちなみに, write（書く）に er をつけると, writer ラィタ（書く人, 作家）になる。e で終わる単語の場合は, r だけつけるわけだ。このへんの理屈は, 過去形の ed をつけるときと同じだな。

ジ： 「シンガー」っつたら「歌手」じゃんか。(5)は「彼女は上手な（プロの）歌手だ」っていう意味じゃないの？

い： もちろんそういう意味になることもあるけど, singer は「歌う人」の意味だから, シロウトでカラオケが上手でも(5)のように言ってかまわない。じゃあ, 「彼女はピアノが上手だ」を同じように表現してみよう。

ジ： She is a good pianoer. ね。

い： 最後の単語は，なんて読むんだ？

ジ： 「ピアノアー」かな？

い： そんな単語はない。

ジ： でも，さっき「er をくっつける」ってゆったじゃん。

い： 「動詞＋er」って言ったんだ。piano は動詞じゃない。

ジ： あ，そうか。じゃあ…

い： She is a good ***pianist***. シー・イズ・ア・グッド・ピアニストだ。これも，彼女がプロのピアニストである必要はない。もうひとつ，面白い表現を紹介してみよう。I'm *a bad sailor*. アイム・ア・バッド・セイラの意味がわかるかな？ sailor は「船乗り」っていうのが元の意味だ。

ジ： 「私は不良の船乗りです」。

い： まんまだろ，それじゃ！ この文は，「私は船に弱い（すぐ船酔いする）」っていう意味だ。

ジ： じゃあ，「彼は女に弱い」だったら，He is a bad woman. なの？

い： オカマかよ！ そんな英語があるか！

《Exercise》

【1】カッコ内の動詞を適当な形に変えなさい。

1. Don't be afraid of (make) mistakes.
   （間違うことをこわがってはいけません）
2. My job is (teach) English.
   （私の仕事は，英語を教えることです）

【2】1語の英語に直しなさい。

1. 作家（書く人）　　2. 読者（読む人）
3. 運転手　　　　　4. 走者

【3】カッコ内の語を使って英語に直しなさい。
1. 彼女は泳ぐのが得意です。(at)
2. 彼女は泳ぐのが得意です。(swimmer)
3. 私はテレビを見るのが大好きです。(like)

(答)【1】1. making　2. teaching　【2】1. writer　2. reader　3. driver　4 runner　【3】1. She is good at swimming.　2. She is a good swimmer.　3. I like watching television very much.

STEP 42　Where ～？（どこに～）

い： 「5W1H」って，聞いたことあるか？
ジ： エンピツの濃さ？
い： 惜しい！
ジ： ホントかよ。
い： 5W＝**who** フー（だれが）・**when** ウェン（いつ）・**where** ウェア（どこで）・**what** ワット（なにを）・**why** ワィ（なぜ）。1H＝**how** ハゥ（どうやって）。新聞記事とかで情報を伝えるときに必要な要素をまとめたものだ。こういう言葉を「疑問詞」と言う。まず，where の使い方からだ。

---
(1) "**Where** is my key?" "It's *on the table*."
　「ウェア・イズ・マイ・キー？」「イッツ・オンヌ・ザ・テイブォ」
　（「私のカギはどこにありますか」「机の上にあります」）

(2) "**Where** is Takashi?" "He's *in the library*."
　「ウェア・イズ・タカシ？」「ヒーズ・インヌ・ザ・ライブラリィ」
　（「タカシはどこにいますか」「図書館にいます」）

「**where** ウェア＝**どこ**」と覚えておこう。文の先頭に置いて，「どこに［どこで・どこへ］～ですか」という意味の文を作る。where の後ろは，疑問文の語順（Ⓥ＋Ⓢ）になる。返事をするときは，「場所」を答える。(1)の on the table, (2)の in the library が「場所」を表す言葉だ。

ジ： on とか in とかは，必要なの？
い： もちろん。たとえば(2)で He's the library. と答えたら，「彼は図書館（の建物）です」という意味になっちゃう。

次は，ちょっと違う形だ。

> (3) "***Where*** do you live?" "I live *in Chiba*."
> 「ウェア・ドゥ・ユー・リヴ?」「アイ・リヴ・インヌ・チバ」
> (「あなたはどこに住んでいますか」「千葉です」)
> (4) "***Where*** did you find the key?" "I found it *under the bed*."
> 「ウェア・ディッ・デュー・ファインド・ザ・キー?」「アイ・ファウンド・イット・アンダ・ザ・ベッド」
> (「そのカギをどこで見つけましたか」「ベッドの下です」)

　Where is A? は「Aはどこにありますか[いますか]」の意味だけど，「〜する」という動詞を使って，「Aはどこで[どこに]〜しますか」の意味を表す文も作ることができる。答え方に気をつけよう。たとえば(3)の「千葉です」を，It's Chiba. とか言っちゃダメだ。

ジ：　なんで？

い：　前にも言ったけど，英語では「**質問と同じ形で答える**」のが大原則だ。質問は do you live だから，答えは I live 〜という形にする必要がある。

《Exercise》

【1】 カッコ内に適当な語を入れなさい。
1. "(　) is my bag?" "It's (　) the desk."
   (「私のかばんはどこにありますか」「机の上です」)
2. "Where (　) the cats?" "(　)(　)(　) the table."
   (「そのネコたちはどこにいますか」「テーブルの下です」)
3. "(　)(　) he live?" "He lives (　) Yokohama."
   (「彼はどこに住んでいますか」「横浜に住んでいます」)

【2】 英語に直しなさい。
1.「男の子たちはどこにいますか」「教室にいます」
2.「この本をどこで買いましたか」「ニシムラ堂(Nishimura-do) です」
3.「きのうどこで彼に会いましたか」「駅の近くです」

(答)【1】1. Where, on 2. are, They, are, under 3. Where, does, in 【2】1. "Where are the boys?" "They are in the classroom." 2. "Where did you buy this book?" "I bought it at Nishimurado." 3. "Where did you meet him yesterday?" "I met him near the station."

STEP 43　When ～？（いつ～）

い： 次は，when ウェン（いつ）。where の場合と同じように考えればいい。

---
(1) "**When** is your birthday?" "It's *May 10*."
「ウェン・イズ・ユア・バースデイ？」「イッツ・メイ・テンス」
（「誕生日はいつですか」「5月10日です」）

(2) "**When** do you get up?" "I get up *at seven*."
「ウェン・ドゥ・ユー・ゲット・アップ？」「アイ・ゲット・アップ・アット・セヴン」
（「あなたはいつ起きますか」「7時に起きます」）
---

　when で質問されたら，「時」（時刻や日付など）を答える。(1)の May 10 や(2)の at seven が，「時」を表す言葉だ。

ジ： 10に「テンス」ってふりがながついてますけど。

い： May 10 の「10」は，ten（テン）ではなく tenth（テンス）と読む。「5月の10番目の日」という意味だ。同じようにたとえば「5月1日」は，May 1 と書いて「メイ・ファースト（first）」と読む。(1)に関連して，次の言い方も覚えておこう。

---
(3) **I was born** *on May 10 in 1985*.
アイ・ウォズ・ボーン・オンヌ・メイ・テンス・インヌ・ナインティーンヌ・エイティファイヴ
（私は1985年5月10日に生まれました）

　「生まれた」は，*was [were]* **born** ボーンと言う。年月日の表し方に注意しよう。

第5日　数量の表現といろいろな質問　211

ジ： 日本語と並べる順番が逆になるのね。それに，on とか in とかややこしい。

い： 英語では，「大きな情報」ほど後ろにくるんだ。たとえば手紙の宛て名を書くとき，日本では「○県△市□町3丁目2－4」のように書くけど，外国から来る手紙はその正反対の順で書いてある。つまり，*2-4, □ cho 3 chome, △ city, ○ prefecture, Japan* のように並べるわけだ。（prefecture プリーフェクチャ＝県）

ジ： そう言えば，人の名前もそうよね。

い： そう。「山田一郎」は，英語では Ichiro Yamada の順になる。だから上の例でも，「5月10日」＋「1985年」の順になるわけだ。次に，「特定の日」は，**on** で表す。これは大事なルールだ。たとえば「日曜日に」は *on Sunday*。「～年に」は in を使う。問題は，読み方だ。「1985年」は，「19」と「85」に分けて読む。つまり，「ナインティーンヌ・エイティファイヴ」だ。

ジ： どうして分けるの？

い： もし分けなかったら，「ワン・サウザンド・ナインヌ・ハンドレッド・アンド・エイティファイヴ」と読まなきゃならない。これだと長ったらしくて言いづらいから，2ケタずつ分けて短く言うわけだ。

ジ： じゃあ，「2003年」は…「トゥエンティ・スリー」かな？

い： いや，「トゥ・サウザンド・（アンド・）スリー」だ。実際の発音では twenty は「トゥエニー」に聞こえることが多いけどな。

〈曜日など〉

Sunday	日曜日 サンデイ	Thursday	木曜日 サーズデイ
Monday	月曜日 マンデイ	Friday	金曜日 フライデイ
Tuesday	火曜日 テューズデイ	Saturday	土曜日 サタデイ
Wednesday	水曜日 ウェンズデイ	birthday	誕生日 バースデイ

〈月〉

January	1月 ジャニュアリィ	July	7月 ジュライ
February	2月 フェビュエリィ	August	8月 オーガスト
March	3月 マーチ	September	9月 セプテムバ
April	4月 エイプリォ	October	10月 アクトーバ
May	5月 メイ	November	11月 ノウヴェムバ
June	6月 ジューンヌ	December	12月 ディセムバ

〈数字③〉

first	1番目の ファースト	seventh	7番目の セヴンス
second	2番目の セカンド	eighth	8番目の エイス
third	3番目の サード	ninth	9番目の ナインス
fourth	4番目の フォース	tenth	10番目の テンス
fifth	5番目の フィフス	eleventh	11番目の イレヴンス
sixth	6番目の スィクスス	twentieth	20番目の トゥエンティエス

※「21番目の」は twenty-first トゥエンティ・ファースト と言う。「21世紀」は, twenty-first century。

第5日 数量の表現といろいろな質問 213

《**Exercise**》

【1】例にならって，それぞれの日付の読み方を英語で示しなさい。

(例) 5月1日 = May first

1. 3月2日　　2. 6月8日　　3. 12月10日
4. 9月6日　　5. 4月1日　　6. 11月3日
7. 1月4日　　8. 8月15日　　9. 5月23日

【2】英語に直しなさい。

1. "( ) is your birthday?" "I was ( ) ( ) October 10."
（「あなたの誕生日はいつですか」「私は10月10日生まれです」）
2. "( ) do you get up?" "I get up ( ) seven."
（「あなたはいつ起きますか」「7時に起きます」）
3. "( ) ( ) she go shopping?" "( ) ( )."
（「彼女はいつ買い物に行きますか」「土曜日です」）

【3】例にならって，それぞれの年号の読み方を英語で示しなさい。

(例) 1998年 = nineteen ninety-eight

1. 1723年　　2. 1965年　　3. 2005年

【4】カッコ内に適当な語を入れなさい。

1. ( ) comes after Tuesday.
2. ( ) comes before Friday.
3. ( ) is the second month of the year.
4. The seventh month of the year is ( ).

(答)【1】1. March second 2. June eighth 3. December tenth 4. September sixth 5. April first 6. November third 7. January fourth 8. August fifteenth 9. May twenty-third 【2】1. When, born, on 2. When, at 3. When, does, On, Saturday 【3】1. seventeen twenty-three 2. nineteen sixty-five 3. two thousand [and] five 【4】1. Wednesday 2. Thursday 3. February 4. July

STEP 44　Who ～？（だれ～）

い：「だれ」は who フーだな。使い方は，where・what の場合と同じだ。

---

(1) "**Who** is that man?" "He is *our teacher*."
　「フー・イズ・ザット・マンヌ？」「ヒー・イズ・アワ・ティーチャ」
　（「あの男の人はだれですか」「私たちの先生です」）

(2) "**Who**'s your English teacher?" "*Mr. Kato* is."
　「フーズ・ユア・イングリッシュ・ティーチャ？」「ミスタ・カトウ・イズ」
　（「あなたの英語の先生はだれですか」「加藤先生です」）

ジ：(2)の答えの文は is で終わってるけど，いいの？
い：Mr. Kato is (my teacher). という意味だけど，質問の中に teacher という言葉が出てきてるから，カッコの中は省略できる。次の例の(3)も同じ理屈だ。

---

(3) "**Who** came here?" "Tom did."「フー・ケイム・ヒア？」「トム・ディッド」
　（「だれがここへ来ましたか」「トムです」）

(4) "**Who** did you meet?" "I met Mr. Mori."
　「フー・ディッヅ・デュー・ミート？」「アイ・メット・ミスタ・モリ」
　（「あなたはだれに会いましたか」「森氏です」）

ジ：(3)の did ってのは，なに？
い：答えの文は「トムが来ました」という意味だから，Tom *came here*. と答えてもいい。でも，質問の文の中に came here があって，同じ言葉をくり返す必要はないから，came here の代わりに *did* を使ったわけだ。

ジ： なんで did なの？ It's Tom. とかでもいいじゃん。

い： Tom came here. の came here を言い換える言葉は, did しかない。間違えやすいから気をつけよう。

《**Exercise**》

【1】カッコ内に適当な語を入れなさい。

1. "(　) is that woman?" "(　) is Mrs. Matsuda."
   (「あの女の人はだれですか」「松田さんです」)
2. "(　)(　) those boys?" "(　)(　) my classmates."
   (「あの男の子たちはだれですか」「私のクラスメイトです」)
3. "Who helps your father?" "I (　)."
   (「だれがあなたのお父さんの手伝いをしますか」「私です」)
4. "Who broke the window?" "Kenji (　)."
   (「だれが窓ガラスを割りましたか」「ケンジです」)

【2】質問に対する正しい答え方を、下からひとつ選びなさい。

1. Who is that boy?
   ① It's my brother.　　② He's my brother.
   ③ My brother is.
2. Who do you like?
   ① I like Ken.　　② Ken likes.
   ③ It's Ken.
3. Who came to this room?
   ① It was Mr. Ikeda.　　② Mr. Ikeda was.
   ③ Mr. Ikeda did.

(答)【1】1. Who, She　2. Who, are, They, are　3. do　4. did
　　【2】1. ②　2. ①　3. ③

STEP 45 What 〜？（なに〜）

い： 次は，なんだ。
ジ： いや，あたしゃ知りませんって。
い： そうじゃなくて，次は「**なに**」（whatワット）だ。

> (1) "**What**'s this?" "It's a clock." 「ワッツ・ズィス？」「イッツ・ア・クラック」
> （「これはなんですか」「それは時計です」）
> (2) "**What** do you have in your hand?" "I have a ball."
> 「ワット・ドゥ・ユー・ハヴ・イン・ニュア・ハンド？」「アイ・ハヴ・ア・ボール」
> （「手になにを持っているのですか」「ボールです」）

　　what'sワッツは，what isワット・イズを短くしたものだ。「あなたの名前はなんですか」と英語で言ってみよう。
ジ： これはカンタン。What's your name?ワッツ・ユア・ネイムでしょ？
い： そう。カタカナで書くと「ワッチャネイム？」に近いな。じゃ，「マリコです」と答えてみろ。
ジ： Mariko。
い： 文の形で答えんかい！
ジ： It's Mariko. かな？
い： 違う。My name is Mariko.マイ・ネイム・イズ・マリコだ。I'm Mariko. でもいい。ついでに言うと，日常会話ではWhat's your name? とは言わない。警察の尋問みたいで，相手に失礼だからだ。ふつうはMay I have your name, please? メイ・アイ・ハヴ・ユア・ネイム・プリーズのように言う。これくらいは常識だから，覚えておこう。

い： what は，別の単語とくっつけて使うこともできる。

---

(3) "**What time** do you go to bed?" "I go to bed *at ten*."
「ワット・タイム・ドゥ・ユー・ゴウ・トゥ・ベッド?」「アイ・ゴウ・トゥ・ベッド・アット・テンヌ」
(「あなたは何時に寝ますか」「10時に寝ます」)

(4) "**What day** is today?" "Today is *Monday*."
「ワット・デイ・イズ・トゥデイ?」「トゥデイ・イズ・マンデイ」
(「今日は何曜日ですか」「今日は月曜日です」)

(5) "**What color** is the ball?" "It's *yellow*."
「ワット・カラ・イズ・ザ・ボール」「イッツ・イェロウ」
(「そのボールは何色ですか」「黄色です」)

つまり，「何○○ですか？」という意味になるわけだ。

- **what time** ワット・タイム ＝ 何時
- **what day** ワット・デイ ＝ 何日
- **what color** ワット・カラ ＝ 何色

ジ： what day は「何曜日」って意味？ じゃ，「何日」は？

い： **date** デイト（日付）という単語を使って，What's the date today? と言えばいい。

---

(6) "**What fruits** do you like?" "I like *apples and bananas*."
「ワット・フルーツ・ドゥ・ユー・ライク?」「アイ・ライク・アプォズ・アンド・バナナズ」
(「どんな果物が好きですか」「リンゴとバナナです」)

(7) "**What kind of music** do you like?" "I like *rock*."
「ワット・カインド・オヴ・ミュージック・ドゥ・ユー・ライク?」「アイ・ライク・ラック」
(「どんな種類の音楽が好きですか」「ロックです」)

この what は「どんな～」という意味だ。

ジ： (7)の kind って，「親切だ」って意味じゃないの？

い： その意味もあるけど，ここでは「種類」っていう意味の名詞だ。次のように使う。
● This is a kind of fruit. (これは一種の果物だ)
what kind of ～なら「どんな種類の～」だな。

《Exercise》

【1】カッコ内に適当な語を入れなさい。

1. "(　) is this?" "(　) a camera."
   (「これはなんですか」「カメラです」)
2. "(　) (　) you see there?" "I (　) a big bird."
   (「そこでなにを見ましたか」「大きな鳥です」)
3. "(　) (　) these flowers?" "(　) (　) roses."
   (「これらの花はなんですか」「バラです」)
4. (　) (　) is the flower? (その花は何色ですか)
5. (　) animals do you like? (どんな動物が好きですか)

【2】与えられた語を適当に並べ替えなさい。

1. name, son's, is, what, your, ?
   (あなたの息子さんの名前はなんですか)
2. hand, have, do, your, you, what, in, ?
   (あなたは手になにを持っていますか)
3. time, usually, up, do, what, get, you, ?
   (あなたはふだん何時に起きますか)
4. like, animals, do, what, you, of, kind, ?
   (どんな種類の動物が好きですか)

(答)【1】1. What, It's 2. What, did, saw 3. What, are, they, are 4. What, color 5. What 【2】1. What is your son's name? 2. What do you have in your hand? 3. What time do you usually get up? 4. What kind of animals do you like?

STEP 46　Why 〜?（なぜ〜）

い：　why ホワィ は「なぜ」の意味で，こんなふうに使う。

> (1) "**Why** is Mari crying?" "**Because** her cat died."
> 「ホワイ・イズ・マリ・クライイング？」「ビコーズ・ハー・キャット・ダイド」
> （「マリはなぜ泣いているんだい」「彼女のネコが死んだからだ」）

　　because ビコーズ は「なぜなら〜だから」の意味だ。why でたずねられたときには because で答える。一種の決まり文句だな。

ジ：　ぜったい，because を使わないといけないの？

い：　そんなことはない。上の例でも，Because を省略して単に Her cat died. と言ってもぜんぜんかまわない。英語の歌詞なんかでは，'cuz クズ と縮めて書いてある場合も多い。

STEP 47　How 〜 ?（どのくらい〜）

い： howハゥには，いろんな意味がある。
ジ： はう。
い： なんなんだよ，それ？
ジ： だから，返事したんですよ。はう。
い： オマエは犬か！　たとえば，How are you?ハゥ・アー・ユー（ごきげんいかが）の how は，「どんな具合で」という意味だ。ここでは，「どのくらい」の意味の how を見ておこう。

---

(1) "**How much** is this camera?" "It's *two hundred dollars*."
「ハウ・マッチ・イズ・ズィス・キャメラ？」「イッツ・トゥ・ハンドレッド・ダラズ」
（「このカメラはいくらですか」「200ドルです」）

(2) "**How old** are you?" "I'm *eighteen*（*years old*）."
「ハウ・オウルド・アー・ユー」「アイム・エイティーン（・ニヤーズ・オウルド）」
（「あなたは何歳ですか」「18歳です」）

---

　　(1)の how muchハゥ・マッチは「値段」，(2)の how oldハゥ・オウルドは，「年齢」をたずねるときに使う。たとえば how much の直訳は「どのくらいたくさん」だな。
ジ： (2)のカッコに入ってるやつは？
い： たとえば「私は15歳です」は，I'm fifteen years old. と言う。years old を省略して，単に I'm fifteen. と言ってもいいわけだ。how は便利な言葉で，いろんなことを聞くのに使えるんだ。たとえば，「あなたの身長はどのくらいですか」を英語で言ってみよう。

ジ： What's your 身長？

い： あほー！ 今は how の勉強をしてるんだぞ。「どのくらい背が高いですか」と考えりゃいいだろうが。

ジ： あ，そうか。「背が高い」は tall トールだから… How tall are you? でいいわけね。

い： そう。「私は170cmです」なら，I'm *one hundred and seventy centimeters tall*. アイム・ワン・ハンドレッド・アンド・セヴンティ・センティミーターズ・トールと言えばいい。I'm ○○ tall. で「私は○○の背の高さです」の意味になる。じゃ，「この池（pond）はどのくらいの深さですか」なら，どうだ？

ジ： *How deep* is this pond? ハウ・ディープ・イズ・ズィス・パンド？でしょ？

い： そう。そして答えはたとえば，It's *ten meters deep*. イッツ・テン・ミーターズ・ディープ（10メートルの深さです）みたいになる。次は，ちょっと違う形を見てみよう。

> (3) "**How many** bags do you have?" "I have *about ten* (*bags*)."
> 「ハウ・メニィ・バッグズ・ドゥ・ユー・ハヴ？」「アイ・ハヴ・アバウト・テンヌ（・バッグズ）」
> **(「バッグをいくつ持っていますか」「およそ10個です」)**

「**how many** ハウ・メニィ＝**いくつの〜**」だ。how many bags（いくつのバッグ）のように，後ろに複数形の名詞を置くことに注意しよう。

ジ： How many do you have bags? じゃダメなの？

い： それはぜったいダメ。間違いやすいから気をつけよう。**about** アバウト（およそ）も，よく使うから覚えておこう。

ジ：「アバウトな人」っていうのは,「およその人」ってこと？

い：それは和製英語だ。イギリス人に He is about. と言ったら,「彼は（起きて）動き回っている」の意味に誤解されちまう。

《Exercise》

【1】カッコ内に適当な語を入れなさい。

1. "( ) ( ) is this tie?" "It's ( ) 10 dollars."
 (「このネクタイはいくらですか」「およそ10ドルです」)
2. "( ) ( ) is your father?" "He is fifty."
 (「あなたのお父さんは何歳ですか」「50歳です」)
3. "( ) ( ) brothers do you have?" "I have two."
 (「あなたは何人の兄弟を持っていますか」「2人です」)
4. "( ) ( ) you go there?" "( ) I wanted to see her."
 (「君はなぜそこへ行ったのか」「彼女に会いたかったからだ」)

【2】与えられた語を適当に並べ替えなさい。

1. many, dictionaries, you, do, how, have, ?
 (あなたは辞書を何冊持っていますか)
2. buy, you, eggs, many, did, how, ?
 (あなたは卵を何個買いましたか)

(答)【1】1. How, much, about 2. How, old 3. How, many 4. Why, did, Because 【2】1. How many dictionaries do you have? 2. How many eggs did you buy?

い： 以上，おしまい！
ジ： やった～！ これで，中学英語は卒業ね。
い： ばかやろう。この本で取り上げたのは，中学校で習う英語のせいぜい3分の1くらいだ。まだ不定詞とか，現在完了とか，関係代名詞とか，中2～3レベルの大事なポイントはぜんぜん取り上げてねえよ。この本の続編が出たら，続きを説明しよう。
ジ： では皆さん，それまでごきげんよう！

著者紹介
小池直己（こいけ　なおみ）
立教大学卒業，広島大学大学院修了。カリフォルニア大学ロサンゼルス校（UCLA）の客員研究員を経て，現在，就実大学人文科学部実践英語学科教授。NHK教育テレビ講師も務める。
著書に『放送英語と新聞英語の研究』『放送英語を教材とした英語教育の研究』（以上，北星堂書店），『TOEIC®テスト4択トレーニング（イディオム編）』『TOEIC®テスト4択トレーニング（文法・語法編）』（以上，学習研究社），『単語力アップ！ 英語"語源"新辞典』（宝島社），『英会話の基本表現100話』（岩波書店），『TOEIC®テストの「決まり文句」』『TOEIC®テストの英文法』『TOEIC®テストの英単語』『TOEIC®テストの基本英会話』『センター試験英語を6時間で攻略する本』『3単語で通じる英会話』『TOEIC®テストの定番イディオム』（以上，PHP文庫）などがある。
「放送英語の教育的効果に関する研究」で日本教育研究連合会より表彰を受ける。

佐藤誠司（さとう　せいし）
1981年東京大学英文科卒業，英数学館高校教諭，広島英数学館講師，研数学館，東進ハイスクールを経て，現在，佐藤教育研究所を主宰。
著書に『入試英文法マニュアル』（南雲堂）などがある。

本書は，書き下ろし作品です。

PHP文庫	中学英語を5日間でやり直す本
	「基本の基本」が驚きのスピードで頭に甦る

2004年2月18日 第1版第1刷
2011年4月22日 第1版第30刷

著　者	小　池　直　己
	佐　藤　誠　司
発行者	安　藤　　　卓
発行所	株式会社ＰＨＰ研究所

東京本部 〒102-8331 千代田区一番町21
　　　　　　　　　　文庫出版部 ☎03-3239-6259
　　　　　　　　　　普及一部　 ☎03-3239-6233
京都本部 〒601-8411 京都市南区西九条北ノ内町11
PHP INTERFACE　　http://www.php.co.jp/

制作協力 組　版	株式会社PHPエディターズ・グループ
印刷所 製本所	図書印刷株式会社

© Naomi Koike & Seishi Sato 2004 Printed in Japan
落丁・乱丁本は送料弊社負担にてお取り替えいたします。
ISBN4-569-66133-5

PHP文庫好評既刊

TOEIC®テストの「決まり文句」

5日間でマスターする重要フレーズ231

小池直己 著

学校では教えない実践的な日常会話のフレーズが多数出題されるTOEIC®。よく使われる会話表現を厳選し、わかりやすく解説した一冊。

定価五〇〇円
（本体四七六円）
税五％

PHP文庫好評既刊

5日間で攻略する TOEIC®テストの英文法

クイズ感覚で実戦力アップ

小池直己

TOEIC®攻略に必須の英文法のチェックポイントを、600題のクイズ形式で出題。短期間で楽しみながら学べる実力向上のパートナー。

定価五〇〇円
（本体四七六円）
税五％

PHP文庫好評既刊

TOEIC®テストの英単語

5日間で征服する

語源で覚える超効率的学習法

小池直己 著

ひとつ語源を覚えれば、短期間で面白いほどに単語力が向上する――TOEIC®に必須の英単語がスイスイ頭に入る、新感覚の学習法！

定価五四〇円
（本体五一四円）
税五％

PHP文庫好評既刊

新TOEIC®テストの英文法ドリル

反復学習で得点力アップ!

小池直己 著

新TOEIC®テストの得点力アップに必要不可欠な文法問題を厳選! 一問一答のドリル形式で、試験直前のおさらいにも効果抜群の一冊。

定価六二〇円
(本体五九〇円)
税五%

PHP文庫好評既刊

新TOEIC®テストの「受験のコツ」

得点力がアップする

小池直己 著

新TOEIC®テストを知り尽くした著者が、短時間で正解に到達するための"受験のコツ"を徹底解説！ 得点力が確実にアップする一冊。

定価八四〇円
（本体八〇〇円）
税五％

PHP文庫好評既刊

新TOEIC®テストを5日間で攻略する本

小池直己／佐藤誠司 共著

新TOEIC®テストには、明らかな出題傾向がある！ 得点アップに直結する97の攻略ポイントをわずか5日間でマスターできる決定版。

定価七八〇円
（本体七四三円）
税五％

PHP文庫好評既刊

ちょっとした勉強のコツ

外山滋比古 著

集中して取り組む、自分をおだてる、反復する、時間を区切る……。毎日の生活の中で、勉強する仕組みを作るためのちょっとした工夫。

定価五六〇円
（本体五三三円）
税五％

PHP文庫好評既刊

成功への情熱――PASSION――

一代で京セラを造り上げ、次々と新事業に挑戦する著者の、人生、ビジネスにおける成功への生き方とは？ ロングセラー待望の文庫化。

稲盛和夫 著

定価五八〇円
（本体五五二円）
税五％

PHP文庫好評既刊

稲盛和夫の哲学

人は何のために生きるのか

稲盛和夫 著

「素晴らしい人生」を送るにはそれにふさわしい生き方・考え方がある! 京セラ創業者が悩める現代人に贈る「稲盛流人生観」を集大成。

定価五〇〇円
(本体四七六円)
税五%

PHP文庫好評既刊

敬天愛人
私の経営を支えたもの

稲盛和夫 著

ビジネスマンに必要なものとは何か。経営における「原理・原則」とは。京セラ創業者が、実体験をもとに経営、仕事、人生の要諦を説く。

定価四六〇円
(本体四三八円)
税五%

🌳 PHP文庫好評既刊 🌳

45ポイントでわかる

図解 経営分析

石島洋一 著

難しいと思われがちな経営分析も、ポイントさえつかめばこんなに簡単。これ一冊であなたの会社・部門の打つべき本当の手が見えてくる！

定価五八〇円
(本体五五二円)
税五％